PEDEGOGY OF INTERNATIONAL GEOGRAPHY EXCURSIONS
FIELD COURSES IN THE NETHERLANDS AND BELGIUM

地理学国际实习教程

荷兰-比利时地理综合实习

薛德升　黄　旭　（荷）杨·范·维斯普（Jan van Weesep）◎编

中山大學出版社
SUN YAT-SEN UNIVERSITY PRESS
·广州·

图书在版编目（CIP）数据

荷兰－比利时地理综合实习/薛德升，黄旭，（荷）杨·范·维斯普（Jan van Weesep）编. —广州：中山大学出版社，2021.11
地理学国际实习教程
ISBN 978-7-306-07306-8

Ⅰ.①荷… Ⅱ.①薛… ②黄… ③杨… Ⅲ.①人文地理—荷兰—教育实习—高等学校—教学参考资料 ②人文地理—比利时—教育实习—高等学校—教学参考资料 Ⅳ.①K956

中国版本图书馆CIP数据核字（2021）第175852号
审图号：GS（2021）7672号

HELAN-BILISHI DILI ZONGHE SHIXI

出 版 人：王天琪
策划编辑：王旭红
责任编辑：李海东 王旭红
封面设计：林绵华
版式设计：林绵华
责任校对：李昭莹
责任技编：靳晓虹
出版发行：中山大学出版社
电　　话：编辑部 020-84110283，84111996，84111997，84113349
　　　　　发行部 020-84111998，84111981，84111160
地　　址：广州市新港西路135号
邮　　编：510275　　　传　　真：020-84036565
网　　址：http://www.zsup.com.cn　　E-mail：zdcbs@mail.sysu.edu.cn
印 刷 者：广州一龙印刷有限公司
规　　格：787mm×1092mm 1/16 7.5印张 111千字
版次印次：2021年11月第1版 2021年11月第1次印刷
定　　价：46.00元

总　　序

“读万卷书，行万里路”是我国古代学者所崇尚的治学方法。自德国学者洪堡和李特尔开创世界近代地理学以来，野外实习一直是地理学人才培养和科学研究的基本方法。中山大学地理学系正式创办于1929年，是我国最早在高校理科建立的地理学系之一，德国学者威廉·克雷德纳（Wilhelm Credner）和沃尔夫冈·潘泽（Wolfgang Panzer）分别担任第一、二任系主任。受当时德国地理学的影响，野外实习、实验分析、综合研究和国际交流成为中山大学地理学的四个特色。从1930年云南实习开始，与理论知识紧密结合的野外实习成为中山大学地理学人才培养和科学研究中不可或缺的重要内容。20世纪60年代以来，随着新国际劳动分工的拓展，地理学对世界上许多空间要素、过程的认知和解释需要从全球到地方开展多尺度分析。改革开放以来，我国参与国际分工的程度逐步加深，许多国内地理现象受到全球的影响；2000年以后，我国对全球经济、政治、社会、文化的影响力日益提升，发生在世界上其他地方的空间现象也越来越多地受到了中国的作用。全球化时代的变化迫切要求我们培养具有全球视野的地理学人才，国际实习则是其中一种重要的方法。

中山大学地理学德国地理综合实习的准备工作起始于2002年。当年春天，德国科隆大学地理系苏迪德（Dietrich Soyez）教授访问中山大学地球与环境科学学院（今地理科学与规划学院），希望带领科隆大学的学生来珠江三角洲开展野外实习，见证“进行中的工业化”（living industrialization）和快速的城市化。2004年5—7月，我代表中山大学地理科学与规划学院赴科隆大学地理系讲授野外实习理论课“珠江三角洲的工业化与城市化”，其间重点考察了德国莱茵-鲁尔地区和部分城市与乡村，形成了世界工业化早期发展、全球化对城市的影响、乡村发展与规划、资源开发与生态环境恢复

和保护等中国学生赴德国学术实习的主题。同时，我与德方商定双方举办地理学联合国际实习的计划，即双年份科隆大学师生赴中国实习，单年份中山大学师生赴德国实习，双方委派教师与学生提供讲解、翻译和后勤等方面的帮助。2004年暑期，苏迪德教授带领科隆大学地理系师生开展了首次中国珠江三角洲地理综合实习。2006年，弗劳克·克拉斯（Frauke Kraas）教授带领科隆大学的学生完成了第二次珠江三角洲地理综合实习。2005年暑假，我与周素红、袁媛两位青年教师带领中山大学与深圳大学两校的学生开展了首次德国地理综合实习；2007年刘云刚副教授，2009年林琳教授、李玲副教授、沈静副教授，2017年刘晔教授、沈静副教授、罗明副教授、孟祥韵老师，2018年刘晔教授，等等，分别带领中山大学的学生开展了德国地理综合实习。中方师生前三次赴德国的地理综合实习得到了德意志学术交流中心（Deutscher Akodemischer Austausch Dienst，DAAD）和科隆大学的资助。

2005年德国实习期间，科隆大学副校长
当娜-利博（Dauner-Lieb）教授会见中、德师生一行

中山大学地理学瑞士实习的准备工作起始于2008年。当年夏天，瑞士巴塞尔大学地理系瑞塔·施耐德-斯利华（Rita Schneider-Sliwa）教授访问中山大学地理科学与规划学院，商讨巴塞尔大学师生在珠江三角洲开展地理综

合实习事宜。2008年10—11月，我赴巴塞尔大学地理系讲授野外实习理论课“珠江三角洲的区域发展与区域规划”。其间，双方商定举办由巴塞尔大学和中山大学师生共同参加的地理学联合国际野外实习。2009—2018年，双方连续举办了6次珠江三角洲野外实习。其间，我利用每年11—12月赴瑞士讲授实习理论课的机会，实地考察了瑞士、法国和德国的部分城市和区域，初步形成了“政治中心型世界城市—生态城市—旅游城市—莱茵河流域区域发展等”中国学生赴瑞士学术实习的主题。2017年12月，我在访问巴塞尔大学期间，与瑞塔·施耐德-斯利华教授讨论确定了中国学生赴瑞士实习的详细计划。2018年10月，刘晨副教授和陈素玲老师带领中山大学的学生赴瑞士—法国东南部—德国西南部开展了地理综合实习。

中山大学地理学荷兰-比利时实习的准备工作分别起始于2013年、2016年。2013年10月，我访问比利时根特大学地理系，与本·德鲁德（Ben Derudder）教授初步商讨中国学生赴比利时地理综合实习事宜。访问期间，我考察了比利时城市布鲁塞尔（欧盟三大首都城市之一）和根特，初步形成了“政治型世界城市—历史时期世界城市等”中国学生赴比利时学术实习的主题。2016年11月，我访问荷兰乌得勒支大学地理系，与杨·范·维斯普（Jan van Weesep）教授商讨中国学生赴荷兰地理综合实习事宜。随后我考察了乌得勒支、阿姆斯特丹、鹿特丹、海牙、代尔夫特等荷兰城市，形成了“多中心城市区域—宗教城市—低地区域水文地理与农业发展等”中国学生赴荷兰学术实习的主题。2017年谷晓丰书记、黄旭副研究员、王振刚副教授、孟祥韵老师，以及2018年黄旭副研究员、孔碧云老师，分别带领中山大学的学生开展了荷兰-比利时地理综合实习。

中山大学地理学国际地理综合实习由室内理论课程、地理综合实习和实习总结三个紧密联系的部分组成。第一，理论课程部分，包括三个步骤：①如前所述，由中方教授与实习国家教授商定实习主题；②按照实习主题，外方教授准备理论课程内容提纲和地理综合实习详细线路，与中方教授讨论每个实习主题的理论内容和与之相对应的实习站点，之后进一步准备课程PPT与相关课程材料；③外方教授在中山大学为参加地理综合实习的师生讲授1～2周的课程，讲解相关理论知识和区域背景，介绍实习计划与组织，布置地理综合实习作业，等等。第二，地理综合实习部分，包括：①中外双方教授全程带领学生经历完整实习线路；②中外双方教授以及邀请的当地专家在每个实习站点讲解，并与学生围绕实习主题的理论知识和实地现象展开讨论；③结合实习线路和站点，检查学生作业完成情况等。第三，实习总结部分，包括：①地理综合实习期间的每日总结，考察学生对当天实习内容的掌握情况；②实习完成一段时间后，学生提交实习报告，实习团队进行总结，考察学生对实习内容的整体掌握情况；③在学院举办展览，介绍、汇报和展示实习成果。

中山大学地理学的国际地理综合实习主要收到了四个方面的成效。第一，培养了学生的全球视野和综合能力。国际地理综合实习的内容在时间上跨越了自工业化初期以来三个世纪（甚至更加久远）的历史，在空间上跨越了全球—跨国区域—国家—国内区域—城市（乡村）—地方的多个尺度，为更加全面清晰地认识、分析和理解地理学理论和现实提供了帮助，并且培养了学生从多要素综合分析地理现象的能力。第二，提升了学生的家国情怀。从2017年开始，在德国地理综合实习线路中专门安排了参观、考察马克思故居特里尔（Trier）和恩格斯故乡伍珀塔尔（Wuppertal）。要求学生思考马克思和恩格斯早期成长的地理环境和政治、经济、社会、文化背景，从而更加深刻地理解经典马克思主义理论；引导学生开展跨时空的对比分析，从而更加客观全面地理解国际共产主义运动史、中国近代发展史，以及中国共产党领导中国人民“从站起来、富起来到强起来”的艰苦奋斗历史，提升学生的家国情怀。第三，加强了国际学术交流。通过国际实习，中山大学与德国的科隆大学、柏林洪堡大学、柏林自由大学，瑞士的巴塞尔大学、洛桑大学，法国的巴黎第一大学，荷兰的乌得勒支大学、阿姆斯特丹大学，以及比利时的根特大学等高水平的地理高校建立和开展了学术交流，迈出了国际开放性人才培养的坚实步伐。第四，促进了师生的学术成长。参加地理学国际实习的师生通过克服因语言、文化、（陌生的）环境等差异带来的各个方面的困难使综合能力得到提升：一方面，教师提升了组织和带领地理学国际实

习的综合能力，几位当年带队的青年教师今天已经成长为本单位甚至国内某一分支学科的中坚力量；另一方面，学生加深了对地理学科和专业的认同感，部分参加2005年、2007年和2009年德国地理综合实习的学生今天已经成长为优秀的高校青年教师，并已经开始带领学生开展国际地理综合实习。

在德国、瑞士、法国、荷兰、比利时地理综合实习期间，德国科隆大学的苏迪德教授、克里斯蒂安·舒尔茨（Christian Schultz）博士、弗劳克·克拉斯教授，瑞士巴塞尔大学的瑞塔·施耐德–斯利华教授，荷兰乌得勒支大学的杨·范·维斯普教授、伍兹·奥兹玛（Oedzge Atzema）教授及其团队向我们提供了帮助。苏迪德教授、瑞塔·施耐德–斯利华教授、杨·范·维斯普教授和伍兹·奥兹玛教授在中山大学讲授了理论课程，并带领实地考察。中山大学的薛德升、谷晓丰、林琳、刘云刚、周素红、袁媛、沈静、刘晔、王振刚、罗明、刘晨、黄旭、孔碧云、孟祥韵等带队老师参加了国际地理综合实习。本次出版的地理学国际实习教程在最大程度上涵盖了上述野外实习三个部分的主要内容，是组织和参加国际地理综合实习师生共同努力的成果。谨向所有为实习、实习教程做出贡献的老师和同学表示衷心感谢！因整理资料和成书的时间仓促，且水平有限，内容难免挂一漏万，存在错漏之处，敬请各位同行、专家、老师、同学和读者指正。

2000年以来，除在德国、瑞士、法国、荷兰和比利时以外，中山大学地理科学与规划学院还在加拿大、日本开展了地理学国际综合实习，这是艰辛的探索与努力的尝试。我们与美国、澳大利亚、墨西哥和南非部分国家的高校也建立了初步的联系。2021年6月，中山大学海洋科考船将正式交付使用，希望未来的地理学国际综合实习能够覆盖全世界七大洲，对培养和不断提升学生的全球视野有所贡献，更希望能够对全球化时代我国高校地理学人才的培养有所助益。

薛德升

2021年2月于中山大学康乐园

用脚步丈量世界之广大，
用心灵感受世界之美好，
用地理解读世界之妙趣，
用规划改变世界之未来。

——薛德升

前　言

本实习教程的主要内容是基于2017年和2018年中山大学地理科学与规划学院的荷兰-比利时地理综合实习内容整理。该实习由中山大学地理科学与规划学院黄旭副研究员（现为南京师范大学地理科学学院副教授）、王振刚副教授，谷晓丰书记，辅导员孟祥韵老师、孔碧云老师，以及荷兰乌得勒支大学地理系杨·范·维斯普教授共同组织与带队。参与实习的学生为中山大学地理科学与规划学院2014级、2015级和2016级的本科生。中山大学地理科学与规划学院本科生邢祖哥、林敏知、张瑞雪、陈思伽、程嘉梵，硕士研究生田紫灵、梁颂岷协助参与了本实习教程的资料收集、整理与编撰。

中山大学地理科学与规划学院2017年荷兰-比利时地理综合实习（编者自摄）

中山大学地理科学与规划学院2018年荷兰–比利时地理综合实习（编者自摄）

Preface

"You truly understand a region better when you live and breathe it, than by reading someone's summary of it, no matter how extensive and insightful that text may be."

Any serious academic geography program must include fieldtrips as practical components of more theoretical courses, or as stand-alone courses focused on the selective observation and interpretation of the world. Observation and participation in site visits and interaction with agencies and local experts offer students an opportunity to add a structured confrontation of the material object of their discipline in its empirical context to the theoretical analysis gleaned from readings and classroom presentations. The understanding of the presented reality is furthered by comparing such observations to already familiar knowledge. Comparison of similar and different phenomena is hereby turned into the key methodology.

This field course for Chinese geography students focused on the Low Countries, the part of Europe comprising the Netherlands and the region of Flanders, the Dutch-speaking part of northwestern Belgium, offers an eye-opening opportunity to learn through practicing this approach in various respects. Its physical setting as a low-lying delta, its challenges of subsidence and salt-water intrusion, the danger of coastal flooding, its dependence on industry, trade and transportation, in combination with its high level of urbanization, are clearly similar to geographic characteristics of many parts of eastern China. As such they will be instantly recognizable to the participants in the course.

But there are also striking differences between China and these European regions as well as between the parts of the Low Countries. These offers two regulatory systems within a single set of constraints. Through human action in the form of policy interventions, similar challenges are being met in different ways. These variations in local developments will be explained through guided tours and official expositions. This will serve to realize the objective of the course, which is to provide its participants with an insider's look at the processes involved in the organization of this massive metropolis. These range from the micro level of individual projects to the macro level of seeing the effects of the differences in approach to deal with similar processes and challenges between the two countries.

Prof. Dr. Jan van Weesep

Emeritus Professor of Urban Geography and Policy, Utrecht University

目 录
CONTENTS

第一章 实习内容概述

本实习教程基于中山大学地理科学与规划学院于2017年10月和2018年10月在荷兰兰斯塔德（Randstad）地区和比利时主要城市开展的人文地理综合野外实习的主要内容，为人文地理学教师进行“全球城市区域”主题的野外情境教学提供典型案例、主要知识点的介绍以及具体的实习方案。同时，本实习教程也为学生学习主要人文地理学知识提供具体的案例指引。

兰斯塔德地区是荷兰标志性的全球城市区域，环绕着欧洲生态建设和保护的典型地区——“绿心”。兰斯塔德地区包括荷兰最大的4座城市（阿姆斯特丹、鹿特丹、海牙和乌得勒支）及其周围地区，包含两大城市群——阿姆斯特丹都市区和鹿特丹-海牙都市区。由荷兰兰斯塔德地区、比利时主要城市布鲁塞尔和安特卫普组成的城市区域是欧洲最大的全球城市区域之一，也是比荷卢联盟（The Benelux Union，比利时、荷兰和卢森堡3个接壤国家的合作联盟）的核心区域。该城市区域是世界城市化发展较早的地区之一，也是众多国际移民聚居的地区，因此是进行城市地理、经济地理和社会地理等基本人文地理知识情境教学的典型案例地。

本实习教程将理论融于实践，可以帮助学生更好地理解区域产业分工合作、基础设施一体化、城市空间结构与演进，以及区域生态环境可持续发展的经典理论；此外，还能够帮助师生走出课堂，在野外情境教学中对比分析不同城市群的发展，在野外考察与研习讨论的过程中发现新的问题，并运用所学创造性地解决问题。

荷兰-比利时地理综合实习日程共计13天，主要参观了荷兰兰斯塔德地区4座主要的城市（阿姆斯特丹、鹿特丹、海牙和乌得勒支）及其周边城市和乡村地区，以及比利时的布鲁塞尔和安特卫普。图1-1展示了荷兰-比利时地区人文地理综合野外考察的经典线路。

图 1-1　荷兰－比利时地理综合实习路线示意

荷兰-比利时地理综合实习的日程安排见表1-1。

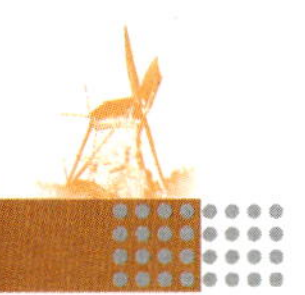

表 1–1　荷兰－比利时地理综合实习的日程安排 ①

时间	地点	主要活动	意义
第一天	阿姆斯特丹	参观阿姆斯特丹史基浦（Schiphol）机场（包括实地考察与参加史基浦机场的主题讲座）	了解史基浦机场作为国家经济主要港口的发展历程
第二天	阿姆斯特丹	了解阿姆斯特丹的交通网络	结合城市规划理论，实地考察阿姆斯特丹的重新开发项目，了解有关族裔社区变化与城市更新
第三天	北荷兰省乡村	实地考察德赖普村庄（De Rijp）与桑斯安寺风车村（Zaanse Schans），参观贝姆斯特圩田	了解 17 世纪资本主义初期的填海规划，以及历史悠久的区域农村及发展
第四天	乌得勒支	乌得勒支堡实地考察；参观乌得勒支（Utrecht）规划局、巴达维亚船厂、荷兰水运当局	学习河流模拟实验，参观文化遗产
第五天	乌得勒支	考察中央火车站区重建状况	对市中心城市景观和文化场所进行记录和实地情况调研
第六至七天	“绿心”	参观金德代克（Kinderdijk）信息中心，了解荷兰水管理的历史；参观地处“绿心”的 Schoonhoven 镇、Cabauw 镇、Polsbroek 镇、Wilnis 水泵站和 Vinkeveen 湖	通过实地考察荷兰代表性的基础设施，了解基础设施的重要性、布局原则和荷兰环境管理发展状况

① 根据中山大学地理科学与规划学院2017—2018年开展的荷兰－比利时地理综合实习方案整理。

续表1-1

时间	地点	主要活动	意义
第八至九天	海牙及其周边地区	参观海牙市政府、国际法庭	认识国际化城市功能布局及协调机制，了解国际组织在促进世界和平方面的努力与作用
第十天	鹿特丹	参观 Futureland 集装箱码头区、鹿特丹现代港口及其西部延伸线 Maasvlakte，以及三角洲防洪工程	实地考察荷兰三角洲防洪工程，探讨绿色低碳水利工程建设，解读荷兰因地制宜的实践，学习人与自然和谐共生的先进经验
第十一天	布鲁塞尔	考察布鲁塞尔的历史街区和国际组织分布概况，调研布鲁塞尔的旅游发展	实地考察作为比利时首都的布鲁塞尔，了解其政治建筑对于城市制度和空间的双重影响
第十二天	安特卫普	考察安特卫普的历史城区保护和城市总体规划	实地考察安特卫普，了解其城市发展的历史，学习发达国家城市老旧街区更新的先进经验
第十三天	阿姆斯特丹	参观阿姆斯特丹北部老工业区及南部新建的 Zwias 商业中心	以世界城市旅游的视角考察阿姆斯特丹内城旅游情况，实地调查旅游者的种类及其他主要景点设施的使用情况

本实习教程分为四章。第一章为实习内容概述，介绍实习背景、实习区域的大致情况和实习安排。第二章为实习区域背景，介绍实习区域的地理、历史和社会背景信息。第三章为实习主题与主要内容，通过5个主题（多中心城市区域的基础建设与产业协作、区域水资源管理与水利工程建设、绿地开放空间与保护性规划、城市内部空间的更新与转型、塑造全球城市的政治动力）来介绍实习的主要内容和相关知识点。第四章为注意事项，介绍参与荷兰-比利时地理综合实习所需的装备与注意事项。

第二章 实习区域背景

第一节　荷兰概况

荷兰（英语：Netherlands，荷兰语：Nederland）是一个位于北海沿岸的西欧国家，是主权国家荷兰王国（荷兰语：het Koninkrijk der Nederlanden）下的主要构成国，与美洲加勒比地区的阿鲁巴岛、库拉索岛和荷属圣马丁岛共同组成荷兰王国。后三者都享有自治权，但在国防、外交、国籍和引渡等事务上则依赖于荷兰政府。荷兰位于欧洲大陆西北部，濒临北海。荷兰东部与德国接壤，荷德边境线长577千米；南部与比利时接壤，荷比边境线长450千米；西北部则与英国隔北海相望。荷兰本土整体位于北纬50°—54°、东经3°—8°之间。荷兰本土的国土面积41528平方千米，海岸线长1075千米。

在气候方面，荷兰本土盛行西南风，属温带海洋性气候，夏季温和、冬季凉爽，全年降雨量平均，湿度普遍较高。

在地形地貌方面，荷兰主要分为西部及北部的低地平坦地带，以及东部及南部的高地小丘陵地带。Nederland音译为尼德兰，其本意为“低地”，荷兰全国有一半以上的国土海拔不超过1米，大约26%的国土面积与21%的人口所在区域位于海平面以下，近17%的陆地面积是通过排水系统从海洋和湖泊中围垦出来的（Schiermeier，2010）。荷兰本土的最高点为海拔322.7米的瓦尔斯堡山（Vaalserberg）；最低点位于鹿特丹的Zuidplaspolder，海拔为-6.76米。

在土地利用方面，荷兰78%的国土面积用于休闲、农业、林地和生态等“蓝色和绿色空间”，只有12%的国土属于“红色空间”（基础设施、居住区、建筑工地和其他建成区），其中建成区主要集中于荷兰西部，东部较少，北部则更少（图2-1）。[①] 荷兰既是莱茵河、马斯河、斯海尔德河的下

① https://opendata.cbs.nl/statline/#/CBS/nl/dataset/70262ned/table?dl=2E511，访问日期：2020年6月18日。

游和入海口，同时也是北海频繁侵蚀的重灾区。如果荷兰失去了沙丘和堤坝的保护，其人口最密集的地区将会被海水和河流淹没。在这样的自然条件下，荷兰人长期与海搏斗，围海造田。如今，荷兰国土面积中约20%是人工填海造出来的。

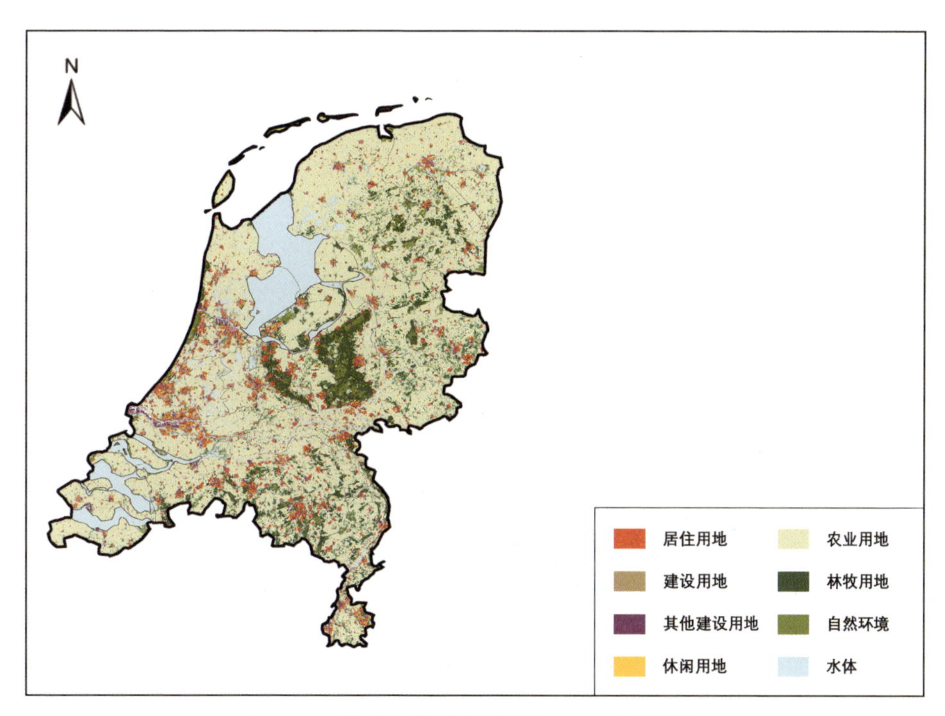

图 2-1 荷兰土地利用类型（2015 年数据）

（资料来源：https://www.clo.nl/en/indicators/en0061-land-use-in-the-netherlands，访问日期：2020年5月31日，编者翻译）

荷兰本土由12个省355个市组成，12省分别为格罗宁根省（Groningen）、弗里斯兰省（Friesland）、德伦特省（Drenthe）、上艾瑟尔省（Overijssel）、弗莱福兰省（Flevoland）、海尔德兰省（Gelderland）、乌得勒支省（Utrecht）、北荷兰省（Noord Holland）、南荷兰省（Zuid Holland）、西兰省（Zeeland）、北布拉邦省（Noord Brabant）、林堡省（Limburg）。荷兰的首都、最大城市为阿姆斯特丹（Amsterdam），而政府所在地为位于南荷兰省的海牙（Hague）。

作为典型的欧洲福利国家，荷兰的工业、农业、交通运输业、对外贸易、服务业和旅游业等经济部门均处于高度发达水平，其社会氛围自由宽容，是欧洲大陆重要的移民目的地。

荷兰是议会民主制的单一制国家，自1848年以来实行世袭的君主立宪制，一直保有君主与王室，现任荷兰王国国王为威廉-亚历山大，现任荷兰首相为马克·吕特。荷兰是欧盟、欧元区、十国集团、北大西洋公约组织、经济合作与发展组织和世界贸易组织的创始成员国，也是申根区和比荷卢联盟的成员。荷兰的官方语言为荷兰语，第二官方语言为英语、帕皮阿门托语和西弗里斯语。

本节将从人口与社会、经济与产业、荷兰与欧盟三个方面对荷兰进行介绍。

一、人口与社会

截至2020年5月，荷兰全国总人口约为1743.6万人[①]，在世界各国（地区）中排名69位[②]；人口密度为508.2人/平方千米[③]，在欧洲国家中排名第10。

在人口增长方面，荷兰的人口增长率为0.22%（2019年）。根据荷兰中央统计局的报告显示，自2010年以来，荷兰每年的新生婴儿数量持续下降，从2010年的18.4万下降到2019年的大约17万，平均每个家庭的子女数量为1.6个。[④]荷兰的人口增长主要来源于人口的机械增长。2018年，荷兰新增移民24.2万人，主要是来自其他欧洲国家（图2-2）。受荷兰国内局势影响，2015年以来叙利亚背景的移民和寻求庇护者人数增多，目前这一趋势已经减弱。

---

① https://www.cbs.nl/en-gb/visualisaties/population-counter，访问日期：2020年6月18日。

② https://en.wikipedia.org/wiki/List_of_countries_and_dependencies_by_population，访问日期：2020年6月18日。

③ https://population.un.org/wpp/DataQuery/，访问日期：2020年6月18日。

④ https://www.cbs.nl/en-gb/publication/2019/22/trends-in-the-netherlands-2019，访问日期：2020年6月18日。

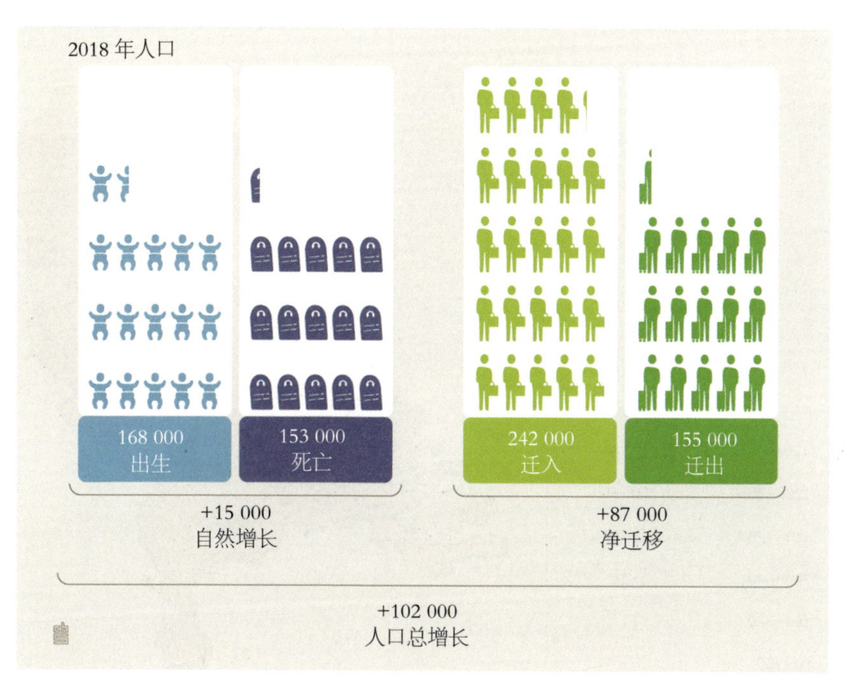

图 2-2　荷兰人口增长情况（2018 年数据）

（资料来源：https://www.cbs.nl/en-gb/publication/2019/22/trends-in-the-netherlands-2019，访问日期：2020年5月31日）

在人口的年龄分布上，荷兰0～14岁的人口占比为16.11%，15～24岁的人口占比为11.91%，25～54岁的人口占比为38.47%，55～64岁的人口占比为13.69%，65岁及以上的人口占比为19.82%（2018年数据）。如今，荷兰正在经历人口老龄化的过程。根据世界银行2018年的数据，荷兰65岁及以上人口占比在世界各国（地区）中排名第20位，在欧洲各国中排名第18位。[①]

在人口的空间分布（图2-3）上，以阿姆斯特丹、鹿特丹、海牙和乌得勒支等城市为核心的兰斯塔德地区是荷兰人口最稠密的地区，北部的人口密度则较小。荷兰的人口增长也主要发生在兰斯塔德地区的4座主要城市（阿姆斯特丹、鹿特丹、海牙、乌得勒支），人口增长速度最快的则是大城市周边的小城市。

① https://data.worldbank.org/indicator/SP.POP.65UP.TO.ZS?name_desc=false&view=chart，访问日期：2020年6月18日。

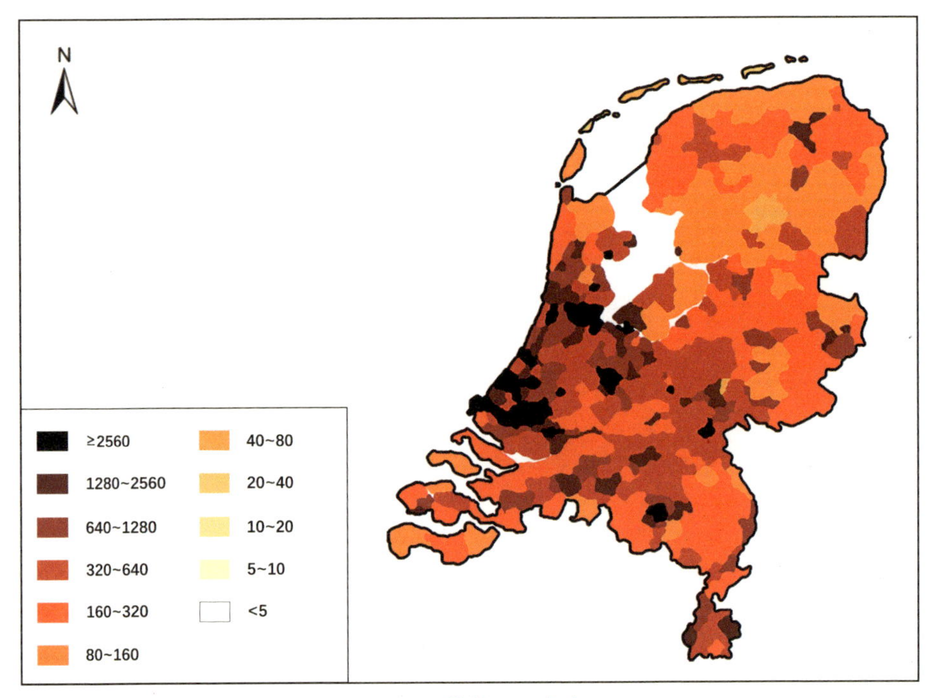

图 2–3　荷兰人口密度

［资料来源：Statistics Netherlands （https://en.wikipedia.org/wiki/File:Population_density_in_the_Netherlands.png），访问日期：2020年6月18日，编者翻译］

荷兰的人类发展指数在2019年世界排名第10（UNDP，2019），属于“极高人类发展水平”的国家序列。荷兰标准化家庭年平均收入2.88万欧元（2017年数据）。国际货币基金组织（IMF）数据显示，荷兰在2019年人均国内生产总值（GDP）为52367.849美元，在全球排名第11。

在教育方面，荷兰政府每年对基础教育的投入规模在100亿欧元左右，建立起由小学教育、中学教育到高等教育的完善教育体系。根据国际学生评估项目（PISA）2018年的报告结果显示，荷兰学生在阅读、数学与科学3项测试上均表现良好，排名分别为第26、第9和第15名（Schleicher，2019）。

在医疗健康方面，荷兰拥有较为完善的医疗体系。据2018年欧洲医疗体系健康消费者指数报告显示，荷兰的健康消费指数在参评的35个欧洲国家中排名第2，且自2005年以来，荷兰一直保持排名前3（Björnberg & Phang，2019）。荷兰男性的健康预期寿命为81岁，女性的健康预期寿命为84岁。

荷兰的宗教信仰以天主教（占总人口的23.6%）与新教（占总人口的14.9%）为主，另有5.1%的人口信仰伊斯兰教，同时境内还存在印度教、佛教、犹太教等宗教信仰。[①]

二、经济与产业

荷兰2019年的GDP排在世界第17位，2017至2018财年的人均GDP4.86万美元，在世界银行全球各国（地区）人均GDP排名中排行第13位[②]（2018年数据）。GDP的产业结构为农业占比11.9%，工业占比17.9%，服务业占比70.2%（2017年数据）。荷兰是欧盟、经济合作与发展组织和世界贸易组织的创始成员国。作为欧元区的一部分，荷兰及其他11个欧盟成员国从2002年1月1日起开始流通欧元，荷兰的货币政策也由欧洲中央银行控制。荷兰的金融部门高度集中，有4家商业银行拥有超过80%的银行资产，是荷兰GDP的4倍。

荷兰拥有高度机械化、集约化与可持续发展的农业部门，是仅次于美国的世界第二大农产品出口国，也是世界三大蔬菜和水果生产国之一。荷兰拥有多元化的农业部门，涵盖了畜牧业和种植业，包括奶牛养殖、温室种植、林业和养猪业等（荷兰的农业地域类型如图2–4所示）。2019年荷兰农产品出口总额达到945亿欧元，77%的农产品出口到其他27个欧盟国家，其中出口总额的1/4流向了德国（236亿欧元），其次是比利时（108亿欧元），英国（87亿欧元）和法国（77亿欧元），这4个国家占荷兰农业出口总量的54%。从各国农产品出口额增长率来看：出口德国的农产品总量在2019年的增幅最大，增加了8.78亿欧元；出口中国的增幅位居第二，一年内增长了22%（5.38亿欧元），这主要是猪肉和婴儿配方奶粉出口大幅增长的结果。[③]荷兰主要的出口农产品包括鲜花、肉类、乳制品、蔬菜（西红柿、甜椒、黄瓜等）以及油脂等。

---

① https://www.cia.gov/library/publications/the-world-factbook/geos/nl.html，访问日期：2020年6月18日。

② https://data.worldbank.org/indicator/NY.GDP.PCAP.PP.KD，访问日期：2020年6月18日。

③ https://www.government.nl/ministries/ministry-of-agriculture-nature-and-food-quality/news/2020/01/17/dutch-agricultural-exports-worth-%E2%82%AC94.5-billion-in-2019，访问日期：2020年6月18日。

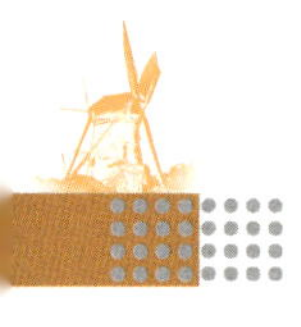

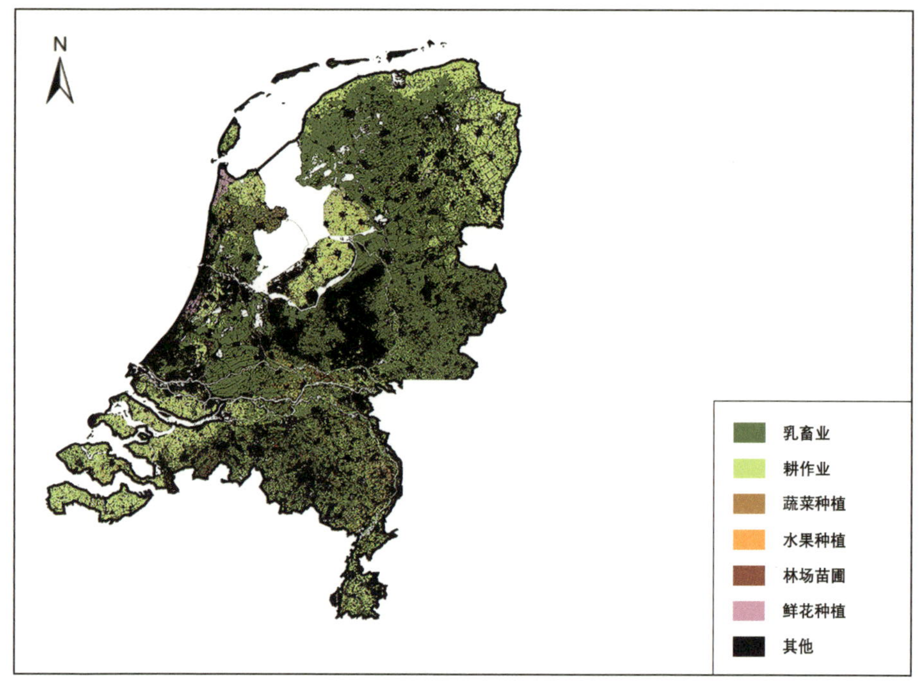

图 2–4　荷兰的农业地域类型

（资料来源：Diogo V et al.，2015，编者翻译）

荷兰主要的工业包括机械化农业及其相关产业、石油天然气、金属和工程产品、电子机械和设备、化工、石油、建筑、微电子等。食品加工、化工和机械制造是荷兰的三大工业支柱。荷兰是欧洲第二大和世界第九大天然气生产国，天然气年产量占欧盟年产量的30%以上和世界年产量的大约2.7%，储量占欧盟所有天然气储量的25%以上。在发现巨大的格罗宁根气田之后，荷兰的能源产业蓬勃发展，却削弱了其他经济部门的竞争力。“荷兰病”（the Dutch disease）一词也由此产生，即指某一初级产品部门异常繁荣而导致其他部门衰落的现象。

服务业是荷兰国民经济的支柱产业。鹿特丹港为欧洲第一大港口，阿姆斯特丹史基浦机场为欧洲第四大空运货港，阿姆斯特丹证券交易所为欧洲第五大证券交易所。借助交通优势与金融传统，荷兰的服务业主要集中于物流、银行、保险、股市、旅游和法律等行业，荷兰现已成为欧洲极其重要的商品分拨中心。

三、荷兰与欧盟

（一）荷兰加入欧盟

1951年，荷兰与法国、意大利、比利时、卢森堡及联邦德国签署为期50年的《关于建立欧洲煤钢共同体的条约》。1952年，欧洲煤钢共同体成立，以便于接管鲁尔区的管理权并取消部分对德国工业生产的限制，同时合作推动煤与钢铁的生产、销售。

1958年，上述六国成立欧洲经济共同体和欧洲原子能共同体，旨在创造共同市场，取消会员国间的关税，以促进会员国间劳动力、商品、资金、服务的自由流通。

1965年，上述六国签订《布鲁塞尔条约》，将欧洲煤钢共同体、欧洲原子能共同体、欧洲经济共同体统一起来，建立欧洲共同体（European Communities，EC，以下简称“欧共体”），并将总部设于比利时布鲁塞尔。至1990年，欧共体的成员国发展至12个。

1992年，荷兰与比利时、丹麦、德国、希腊、西班牙、法国、爱尔兰、意大利、卢森堡、葡萄牙和英国11国签订《欧洲联盟条约》（即《马斯特里赫特条约》），表明欧共体将由区域性经济共同开发转型为区域政经整合发展。1993年，《马斯特里赫特条约》正式生效，欧洲联盟（欧洲经济、政治共同体）正式成立。

（二）荷兰在欧盟的地位

1. 荷兰在欧洲议会的地位

欧盟各国在欧洲议会736个议席中所占的名额基本上是按人口比例及政治协商分配的。其中，荷兰有26名欧洲议会议员。

2. 荷兰在欧盟理事会的地位

每一个欧盟成员国在欧盟理事会中都有一名代表（亦称“理事”）。理事会主席实行轮换制，由各成员国轮流出任，轮值主席国外交部部长出任主席。在欧盟理事会，荷兰政府代表定期出席会议，共同商讨、通过欧盟的

法律和相关政策。

3. 荷兰在欧盟委员会的地位

各欧盟成员国都应提名一名欧盟委员会委员人选，人选须获得欧洲议会批准。委员会成员之间互相平等，共同制定政策。由荷兰提名加入欧盟委员会的委员是弗兰斯·蒂莫曼斯（Frans Timmermans），现为欧盟委员会执行副主席。

4. 荷兰在欧洲经济和社会委员会的地位

欧洲经济和社会委员会为欧盟咨询机构，代表雇主、工人和其他利益集团，就拟议的法律征求意见，以便更好地了解成员国工作和社会状况可能发生的变化。其成员是由欧盟理事会每4年根据成员国在国家层次上代表市民社会组织的代表性的一致意见来指定的。成员们通常在其本国继续从事本职工作，只在召开委员会会议时才到比利时布鲁塞尔。荷兰在欧洲经济和社会委员会有12名代表。

5. 荷兰在欧盟地区委员会的地位

欧盟地区委员会为咨询机构，就拟议法律进行咨询，以确保这些法律考虑到欧盟各地区的观点。其成员由各成员国依据条约分配的名额任命。荷兰在欧盟地区委员会、欧盟区域和地方代表大会有8名代表。

6. 荷兰常驻欧盟代表

荷兰通过在布鲁塞尔的常驻欧盟代表与欧盟各机构进行沟通。作为荷兰的“驻欧盟大使”，其主要任务是争取荷兰的利益和政策在欧盟尽可能得到有效的落实。

（三）欧盟中的荷兰

欧盟目前由27个成员国组成，包括奥地利、比利时、保加利亚、塞浦路斯、克罗地亚、捷克、丹麦、爱沙尼亚、芬兰、法国、德国、希腊、匈牙利、爱尔兰、意大利、拉脱维亚、立陶宛、卢森堡、马耳他、荷兰、波兰、葡萄牙、罗马尼亚、斯洛伐克、斯洛文尼亚、西班牙和瑞典。许多欧盟国家之间的边境管制已被取消，这确保了人员、商品和服务在欧盟内部的自由流动。

欧盟成员国是荷兰最大的贸易伙伴。欧盟成员国占荷兰出口比重的74%（其中，德国24%、比利时11%、法国8%）和进口比重的46%（其中，德国15%、比利时8%）。2018年，欧盟在荷兰共计支出24.70亿欧元，约为荷兰经济总量的0.32%；荷兰对欧盟经济预算的总贡献额为48.45亿欧元，相当于荷兰经济总量的0.62%。

第二节　比利时概况

比利时全称为比利时王国（The Kingdom of Belgium，Le Royaume de Belgique），是一个位于北海沿岸的西北欧国家，领土大致位于北纬49°30′—51°30′、东经2°33′—6°24′之间。比利时陆地面积30688平方千米，领海及专属经济区3454平方千米。陆地面积中，瓦隆大区面积为16901平方千米，弗拉芒大区面积为13625平方千米，布鲁塞尔-首都大区面积为162.4平方千米。比利时南部与法国接壤，比法边境线长620千米；东部与德国、卢森堡接壤，比德边境线长167千米，比卢边境线长148千米；北部与荷兰接壤，比荷边境线长450千米；西北部则与英国隔北海相望。

在气候方面，同西北欧大部分国家类似，比利时属温带海洋性气候，全年都有明显降雨，夏季温暖宜人，冬季凉爽。

在地形地貌方面，比利时主要分为西北部的沿海平原、中部的高原和东南部的阿登高地，也分别称为低比利时、中比利时和高比利时。①西北部的沿海平原主要由海岸和圩田组成；中部的高原位于内陆，地形缓慢上升；东南部的阿登高地是一片森林茂密的台地，一直延伸到法国北部和德国，是比利时大部分野生动物的栖息地。

比利时是联邦制及议会制的君主立宪国，现任比利时王国国王为菲利普（2013年登基），现任比利时首相为亚历山大·德克罗。在行政区划方面，

① 资料来源：https://www.belgium.be/nl/over_belgie/land/geografie/streken，访问日期：2020年6月18日。

比利时全国分为三个大区：布鲁塞尔-首都大区、弗拉芒大区和瓦隆大区，共581个市镇（图2-5）。其中，比利时首都和王宫所在地为布鲁塞尔，弗拉芒大区包括安特卫普、西佛兰德、东佛兰德、林堡、弗拉芒布拉邦5省，瓦隆大区包括瓦隆布拉邦、列日、埃诺、那慕尔和卢森堡5省。

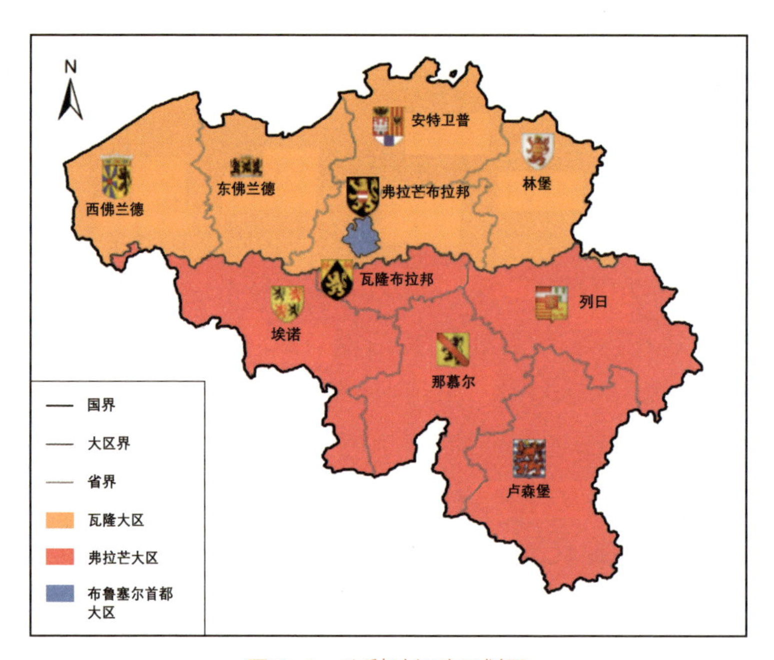

图 2-5 比利时行政区划图

（资料来源：https://en.wikipedia.org/wiki/Provinces_of_Belgium，访问日期：2020年6月5日，编者翻译）

本节将从人口与社会、经济与产业、比利时与欧盟三个方面对比利时进行介绍。

一、人口与社会

根据比利时统计部门的数据，截至2020年1月1日，比利时的合法居民人口为1149万人，其中50.75%为女性（583万人），49.25%为男性（566万人），相较2019年同期人口增长了6.1万人，年均人口增长率为0.53%。[①]比利

① https://statbel.fgov.be/en/themes/population/structure-population，访问日期：2020年6月18日。

时的人口密度约为374.5人/平方千米（图2-6），是世界人口密度第23位、欧洲人口密度第5位的国家。[①]2019年，比利时的移民迁入人数17.5万人，迁出人数近12万人，人口机械增长量达到5.5万人，对2019年比利时人口增长的贡献率接近90%。国际移徙成为比利时人口增长的主要动力[②]，其中净迁入人口的原籍国主要为罗马尼亚（10259人）、摩洛哥（4983人）、法国（4067人）、保加利亚（3743人）和意大利（2987人）。

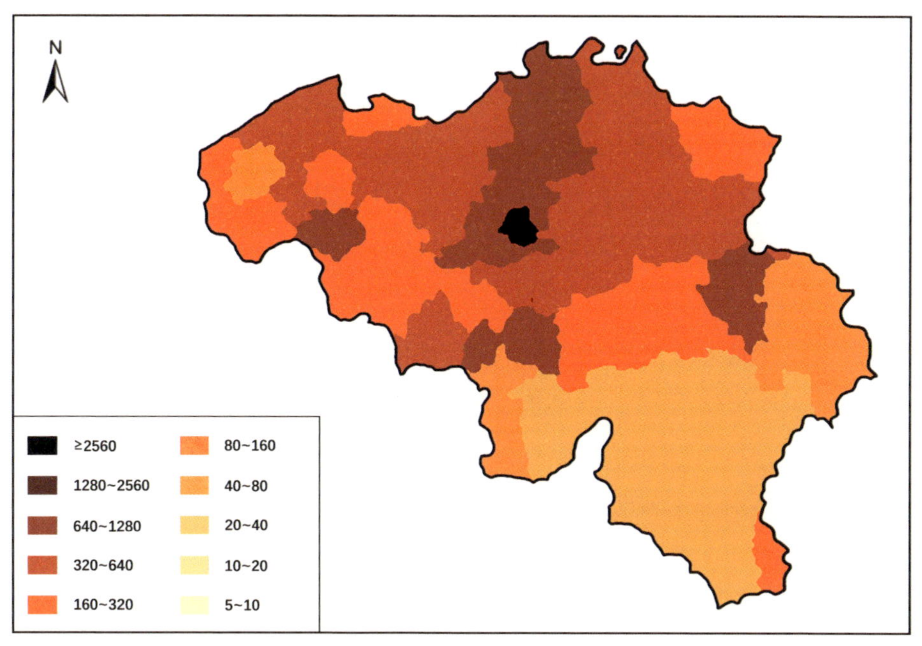

图 2-6　比利时人口密度

（资料来源：https://en.wikipedia.org/wiki/File:Population_density_in_Belgium.png，访问日期：2020年6月5日，编者翻译）

在人口的年龄分布上，比利时0～14岁的人口占比为16.84%，15～24岁的人口占比为11.33%，25～54岁的人口占比为39.39%，55～64岁人口占比为13.26%，65岁及以上的人口占比为19.18%（2019年数据）。世界银行2018年数据显示，比利时65岁及以上人口占比在世界各国（地区）中排名第23位，

① https://population.un.org/wpp/DataQuery/，访问日期：2020年6月18日。

② https://statbel.fgov.be/en/themes/population/migration，访问日期：2020年6月18日。

在欧洲各国中排名第21位。[①]

在人口的空间分布上，2019年弗拉芒大区人口占比利时全国总人口的57.68%，共662.7万人；布鲁塞尔-首都大区占全国总人口的10.6%，共121.8万人；瓦隆大区占全国总人口的31.72%，共364.5万人。数据显示，比利时人口主要分布在北部地区，弗拉芒大区和布鲁塞尔-首都大区共占全国人口的68.28%。人口最多的省份是弗拉芒大区的安特卫普省，人口数为187万人；人口最少的省份是瓦隆大区的卢森堡省，人口数为28.7万人。

比利时的人类发展指数在2019年世界排名第17，属于“极高人类发展水平”的国家序列。比利时男性的出生时预期寿命为79.1岁，女性的出生时预期寿命为83.8岁（UNDP，2019）。

比利时实行12年义务教育（6～18岁），其国民的平均受教育年限为11.8年，学龄人口的高等教育总入学率达到76%。[②]国际项目评估项目（PISA）2018年的报告显示，比利时学生在阅读、数学与科学三项测试上均表现良好，排名分别是第22、第15和第20名（Schleicher，2019）。

比利时80%的居民信奉天主教，20%信奉基督教和其他宗教。

由于地处多个不同语言国家的交界处，且历史上相继由奥地利、法国、荷兰等国家统治，不同地区的比利时人使用着多种不同的语言（图2-7），主要包括荷兰语（弗拉芒语）、法语和德语。59.6%的比利时人以荷兰语为第一语言，约40%的比利时人以法语为第一语言，以德语为第一语言的占比则为0.4%。[③]比利时在1970年将语区的划分写入宪法修正案，并逐渐形成了大区和语区并行的联邦结构。比利时全国被划分为4个语言分区（language areas），即荷兰语区、法语区、布鲁塞尔法荷双语区以及德语区。

基于4个语区的划分，比利时还将全国划分为3个语言社区（community），即荷兰语社区、法语社区和德语社区，每个社区都设有首

---

① https://data.worldbank.org/indicator/SP.POP.65UP.TO.ZS?name_desc=false&view=chart，访问日期：2020年6月18日。

② http://hdr.undp.org/en/countries/profiles/BEL，访问日期：2020年6月18日。

③ https://en.wikipedia.org/wiki/Languages_of_Belgium，访问日期：2020年6月18日。

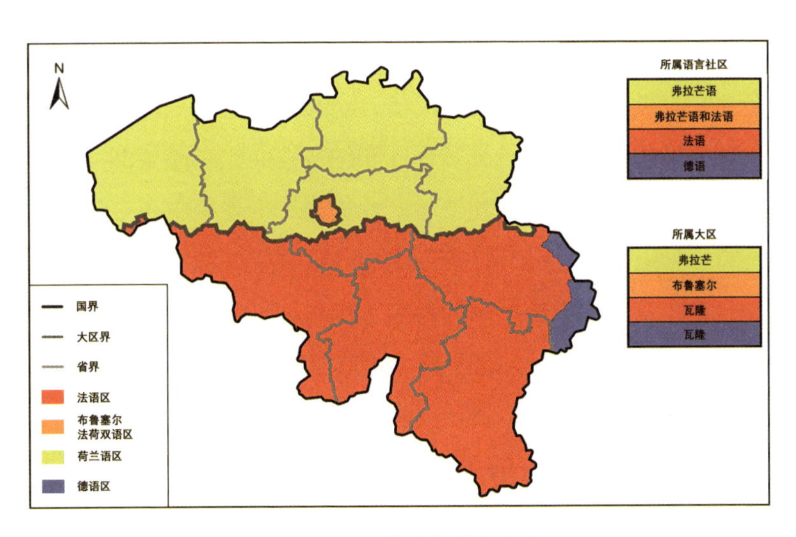

图 2-7 比利时的语言分区

（资料来源：https://en.wikipedia.org/wiki/File:Belgium_provinces_regions_striped.svg，访问日期：2020年6月18日，编者翻译）

府（荷兰语和法语社区的首府都是布鲁塞尔，德语社区的首府是奥伊彭），并设置政府机构，对区内的文化、教育、语言使用等事务进行管理。[1]

二、经济与产业

据国际货币基金组织世界经济展望数据库显示，2019年比利时GDP达到5176.09亿美元，较上年增长1.124%，人均GDP为49529美元，在全球排名第25位。[2]

弗拉芒大区和瓦隆大区之间存在着一定的经济差距：2018年，弗拉芒大区区内生产总值为2698.86亿美元，占国内GDP总值的58.69%；瓦隆大区区内生产总值为1056.95亿美元，占国内GDP总值的22.99%。[3]由于轻工业和石化

① https://en.wikipedia.org/wiki/Communities,_regions_and_language_areas_of_Belgium#Communities，访问日期：2020年6月18日。

② https://www.imf.org/external/pubs/ft/weo/2019/02/weodata/index.aspx，访问日期：2020年6月18日。

③ https://appsso.eurostat.ec.europa.eu/nui/show.do?dataset=nama_10r_2gdp&lang=en，访问日期：2020年6月18日。

工业的发展受到外资的推动，弗拉芒大区的经济自20世纪60年代以来蓬勃发展；瓦隆大区的经济在煤炭开采时代较为繁荣，但此后一直萎靡不振。

比利时化工业是世界上最具多样性和综合性的化学品集群之一，也是继休斯敦之后的世界第二大化工和塑料产业集群（主要集中在安特卫普港）。全球最大的15家化工企业已有11家在比利时设立生产基地。化工业占比利时经济总量的份额是欧盟平均水平的2倍，直接就业人员超过9万人，占比利时制造业全部就业人数的18%。巴斯夫、道达尔等国际化工巨头和辉瑞、葛兰素史克等跨国制药企业都在比利时设立了生产基地。

食品业是比利时加工业的第二大产业。比利时食品出口占产业营业额的50%，主要出口产品包括巧克力和可可制品、烘焙食品、猪牛肉和家禽肉类、加工与非加工速冻蔬菜、水果和果汁、牛奶和乳制品、啤酒、动物饲料、人造黄油、柠檬水和麦芽等。比利时共有120多家啤酒厂，生产1000多种啤酒；总部位于鲁汶市的AB英博啤酒集团是全球第一大啤酒生产商，旗下拥有百威、贝克等约300个品牌。比利时约有350家巧克力企业，生产3000多种口味的巧克力，拥有Pierre Marcolini、Godiva、Neuhaus等著名品牌。比利时还是世界奶酪生产大国，拥有300多种奶酪产品。

汽车制造是比利时重要的工业门类。比利时拥有沃尔沃、奥迪等世界品牌轿车的组装厂，包括1家沃尔沃卡车组装厂、2家大型客车制造企业（Van Hool 和 VDL Jonckeere），也有多家拖车和车身制造企业，每年组装和生产轿车50万辆，货车、巴士车4万辆，人均汽车产量在欧盟居第1位。此外，还有约300家企业从事汽车研究、设计、检测和鉴定等。

比利时是世界原钻集散地，控制了世界80%的原钻交易、55%的加工钻石交易、45%的工业用天然钻石交易。钻石的主要来源地是刚果（金）、刚果（布）、利比里亚，主要出口方为中国和印度。安特卫普是世界最大的钻石加工和贸易中心，拥有全球唯一的毛坯钻石专营交易所、3个成品钻石交易所和数百个成品钻石批发办事处。在1平方千米的安特卫普钻石广场集中了1800多家毛坯钻石企业。“安特卫普切工”（cut in Antwerp）代表了钻石切工的世界最高工艺水平。

比利时是欧洲最适合物流与分销的投资地之一，且积极推进多式联运网络一体化发展。其主要港口有安特卫普港（欧洲第二大港口）、泽布鲁日港（世界第一大新车转运港口）、根特港（拥有欧洲最大的农业大容量存储设备）和列日港（欧洲第三大内陆港口）。比利时拥有总长3000多千米的高质量铁路网，从布鲁塞尔乘高速火车可直达阿姆斯特丹、法兰克福、伦敦和巴黎。比利时拥有布鲁塞尔、奥斯坦德–布鲁日、安特卫普、列日和沙勒罗瓦等5个机场。[①]

三、比利时与欧盟

比利时是欧洲一体化的坚定支持者与欧盟的创始成员国。1951—1958年，比利时与法国、意大利、荷兰、卢森堡及联邦德国陆续合作成立了欧洲煤钢共同体、欧洲经济共同体和欧洲原子能共同体。1965年，上述六国通过《布鲁塞尔条约》，将欧洲煤钢共同体、欧洲原子能共同体、欧洲经济共同体合并为欧共体。1992—1993年，比利时与欧共体其余11国通过《马斯特里赫特条约》，将欧共体升级为欧洲联盟。比利时在建设一个统一的欧洲方面一直发挥着积极的领导作用，并一直鼓励欧洲各国在自由、繁荣、教育、和平、安全、正义、社会保护、环境和健康等共同价值观念的基础上努力实现更强有力的一体化。

作为成员国的比利时在欧盟各机构中的地位如下。

1. 比利时在欧洲议会的地位

欧洲议会中有21名议员来自比利时。

2. 比利时在欧盟理事会的地位

比利时政府的代表定期出席欧盟理事会会议。1958—2010年间，比利时12次担任欧盟理事会的轮值主席国，负责主持并协助确定每个政策领域的理事会会议议程，促进与其他欧盟机构的对话。

① http://www.mofcom.gov.cn/article/i/dxfw/jlyd/201804/20180402735129.shtml，访问日期：2020年6月18日。

3. 比利时在欧盟委员会的地位

欧盟委员会在每个欧盟国家都有一个被称为“代表”的地方办事处。由比利时提名加入欧盟委员会的委员，是负责司法工作的迪迪埃·雷恩代尔（Didier Reynders）。

4. 比利时在欧洲经济和社会委员会的地位

比利时在欧洲经济和社会委员会有12名代表。

5. 比利时在欧盟地区委员会的地位

比利时在欧盟地区委员会、欧盟区域和地方代表大会上有10名代表。

6. 比利时常驻欧盟代表

比利时通过在布鲁塞尔的常驻欧盟代表与欧盟各机构进行沟通。作为比利时的“驻欧盟大使”，其主要任务是争取比利时的利益和政策在欧盟尽可能得到有效的落实。

比利时首都布鲁塞尔，从欧洲经济共同体开始就一直是欧洲一体化组织的重要办公地点，欧洲经济共同体的第一次部长会议就在布鲁塞尔召开。随后，比利时陆续接纳了欧洲一体化组织的各类办公机构和雇员落户到布鲁塞尔的“欧洲区”，使得如今欧盟每一个主要机构以及欧洲理事会均全部或部分地入驻布鲁塞尔。2002年的《尼斯条约》规定了布鲁塞尔将作为欧洲理事会所有正式会议的举办地，布鲁塞尔成了事实上的欧盟行政中心，被称为“欧盟首都”；媒体报道中也常以“布鲁塞尔”指代欧盟。

在商业贸易方面，欧盟是比利时进出口贸易的主要市场。在出口方面，欧盟内部贸易占比利时出口的73%（其中，德国18%、法国14%、荷兰12%）；在进口方面，比利时进口的64%来自欧盟成员国（其中，荷兰18%、德国13%、法国9%）。[①]2018年，欧盟在比利时共计支出85.14亿欧元（相当于比利时经济总量的1.86%），在各个欧盟成员国中排名第6。[②]

① https://europa.eu/european-union/about-eu/countries/member-countries/belgium_en，访问日期：2020年6月18日。

② https://ec.europa.eu/budget/graphs/revenue_expediture.html，访问日期：2020年6月18日。

第三节 实习地点概况[①]

一、兰斯塔德

兰斯塔德地区（图2-8）位于荷兰西部，地跨南荷兰、北荷兰和乌得勒支三省，是一个由大、中、小型城镇集结而成的马蹄形状的城市群，其开口指向东南，长度超过50千米，周长为170千米，最宽地带约50千米，占地面积约为8287平方千米，人口密度为1500人/平方千米，是荷兰城市化水平最高、经济最为发达的核心区，也是西北欧最重要且人口稠密的经济区之一。

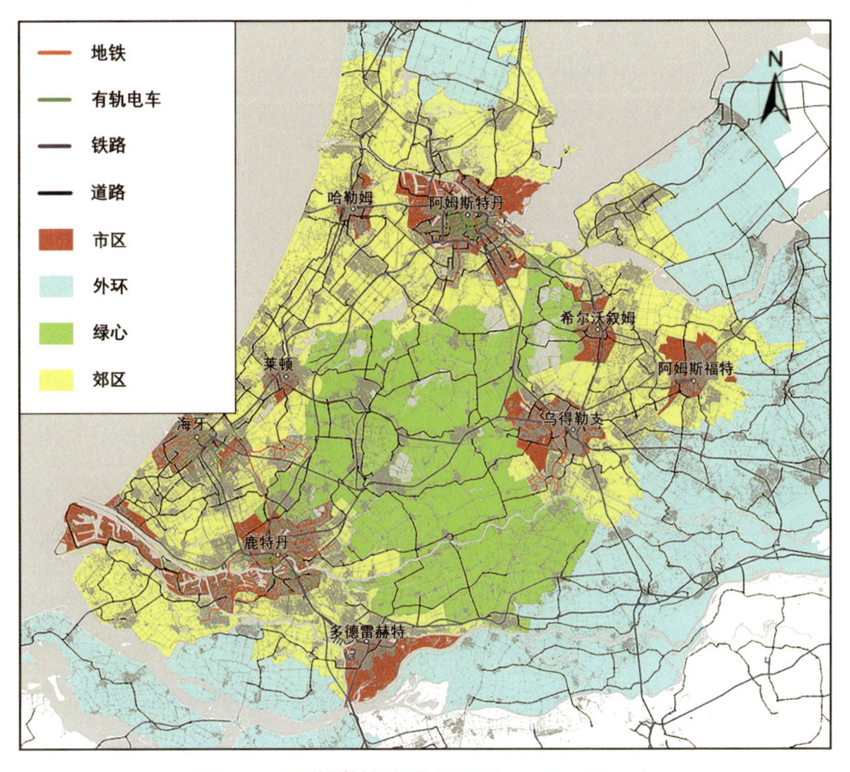

图2-8 兰斯塔德地区（Gil & Read，2014）

兰斯塔德并非行政建制，所以没有指定具体的边界。一般认为，兰斯

① 各地区人口等数据来源：https://opendata.cbs.nl/statline/#/CBS/nl/dataset/37230ned/table?ts=1578685738191，访问日期：2020年6月5日。

塔德包括阿姆斯特丹、鹿特丹、海牙和乌得勒支4个荷兰的重要城市，也包括哈勒姆、莱登等周边的中小城市，以及被这些城市围绕在中间的“绿心”（英语：Green Heart，荷兰语：Groene Hart）。

兰斯塔德地区按照城市群与“绿心”的相对位置可以分为北翼（Noordvleugel）和南翼（Zuidvleugel）。北翼大约有250万人口，哈勒姆和艾梅登在西面，中间是阿姆斯特丹，阿尔梅勒和霍伊（Gooi）在东面，乌得勒支都市区也可认为属于北翼。南翼大约有350万人口，主要城市为鹿特丹和海牙。

兰斯塔德城市群的突出特点，是它的“多中心”马蹄形环状布局，同时把一个大城市所具有的多种职能，分散到大、中、小城市，形成既相对分开又相互联系，且有明确职能分工的有机结构，各城市之间的距离仅有10千米～20千米。兰斯塔德地区采用线性辐射方式发展，并建立了约400平方千米的“绿心”“绿楔”和缓冲带等（详见本书第三章第一节）。

二、阿姆斯特丹

阿姆斯特丹是荷兰首都，也是最大城市，市区人口约110万，位于荷兰西部省份北荷兰省，是荷兰重要的经济、文化、金融中心。阿姆斯特丹及其周边地区已经高度城市化。阿姆斯特丹的名称源于Amstel dam（荷兰语，意为“阿姆斯特尔大坝”），这表明该城市的起源是一个位于阿姆斯特尔河上的水坝，即今水坝广场所在地。阿姆斯特尔河在市中心分流进许多小运河，最终流入了IJ湾（IJ Bay），城市内水网密布、桥梁众多，被称为“北方威尼斯”。阿姆斯特丹平均海拔为2米，城市主要地形是平原，其西南部是一片人造森林。北海运河将阿姆斯特丹与北海连接起来。

阿姆斯特丹气候宜人，天气情况主要受到来自北海的气流影响。冬季气温温和，很少低于0 ℃。平均每年有约175天降水，但年平均降水量只有不到760毫米。雨季一般从10月到次年3月，降水方式以小雨为主。极少数情况下，该城市会遭受暴风雨。

阿姆斯特丹是荷兰金融贸易、旅游和文化艺术中心，金融服务、网络和通信技术、出版和印刷、旅游和文化业等行业占据主导地位。阿姆斯特丹拥有世界上最古老的证券交易所及欧洲最大的交易所之一——阿姆斯特丹证券交易所，金融银行业位居欧洲前列，是国际商务中心之一。阿姆斯特丹的制造业也比较发达，造船、飞机制造、化工、电子等工业企业众多，钻石加工业更是世界驰名，工业用钻石产量占世界总量的80%。

全球著名学府阿姆斯特丹大学（University of Amsterdam）即位于该市。阿姆斯特丹的城市主要标志物包括阿姆斯特丹王宫和国家博物馆、市立现代艺术博物馆和梵高美术馆等40间世界知名博物馆。阿姆斯特丹港是仅次于鹿特丹港的大港口，阿姆斯特丹史基浦机场是荷兰最繁忙的机场，也是欧洲第四繁忙的机场。著名的阿姆斯特丹居民包括日记作家安妮·弗兰克、艺术家伦勃朗和梵高，以及哲学家巴鲁克·斯宾诺莎。

三、乌得勒支

乌得勒支位于荷兰中部，是乌得勒支省的省会，是荷兰第四大城市，位于该国主要的铁路、公路干线交会点，是重要的交通运输枢纽城市和全国性会议中心。乌得勒支面积约99.21平方千米，人口约35万人。

乌得勒支原本是罗马人在公元1世纪于莱茵河上建筑的一个军事堡垒。自17世纪开始，乌得勒支逐渐发展成为商业与工业的重镇，19世纪更因为铁路与公路的开发而发展为全国第四大城市，如今的旧城区仍保留了数百年不变的风光。筑于11世纪，贯穿旧城区的古运河Oudegracht是乌得勒支年代最久远的运河，原为防止莱茵河泛滥所挖的壕沟，现在则成为游览乌得勒支的最佳景点。乌得勒支运河最大的特色在于其码头和地窖低于一般的道路路面、临水而建，原为方便水上贸易的装货卸货，现在多变成餐厅、酒吧、咖啡厅等，形成独特的景观。乌得勒支拥有荷兰最高的钟塔——主教塔（Domoren），这座钟塔不只是乌得勒支最显眼的地标，更凸显了乌得勒支历史发展与宗教的密切关系。

四、代尔夫特

代尔夫特是位于南荷兰省海牙市与鹿特丹市之间的荷兰大学城，位于莱茵河南部。代尔夫特全市有10万余名居民。

代尔夫特是荷兰最古老的城市之一。尽管16世纪的城市大火和17世纪的毁灭性爆炸使得只有很少的建筑物被保留下来，但代尔夫特仍然拥有纵横交错的运河和保存完好的历史悠久的城市景观，如中世纪和文艺复兴时期的布拉班特岛哥特式建筑就保留了荷兰古老城市的典型特征。代尔夫特是仅次于阿姆斯特丹的荷兰最受欢迎的旅游城市，每年吸引大约100万游客。

自17世纪以来，代尔夫特就以其陶瓷工厂和在那里制造的代尔夫特蓝陶而闻名。19世纪，代尔夫特发展成为一座科技之城，1842年创立的代尔夫特理工大学，使其在技术创新和建筑领域脱颖而出。

五、海　牙

海牙是南荷兰省省会，荷兰第三大城市，面积约100平方千米，人口约50万人。海牙也是文化名城和旅游胜地，设有艺术学院、交响乐团和14个博物馆，拥有荷兰最热门的海滨度假胜地——席凡宁根。

海牙是荷兰政府和议会、最高法院等的所在地；国王与皇室家族的官邸都设于海牙，因而海牙又有“皇家之都”的称号。海牙是重要的国际事务及外交活动中心，这里不仅聚集了大多数在荷兰的外国大使馆，而且是作为许多欧洲和全球组织机构所在地的第四大“联合国城市”，如国际法庭（ICJ）、国际刑事法庭（ICC）等国际机构都坐落在海牙。海牙还是众多跨国公司的欧洲总部或荷兰总部所在地。

六、鹿特丹

鹿特丹是荷兰第二大城市，位于南荷兰省，是亚欧大陆桥的西桥头堡（东桥头堡是中国连云港市），人口约65万人。鹿特丹位于荷兰西南部莱茵河和新马斯河河口，距北海约25千米，有新水道与北海相连。鹿特丹气候冬季温和，夏季凉爽，年降水量700毫米。1月最冷，平均气温1℃；7月最热，平均气温17℃。在第二次世界大战（以下简称“二战”）中，鹿特丹的城市中心几乎被完全摧毁，因此，现在除较大的古老的市政厅外，鹿特丹的著名建筑都是现代化的。

鹿特丹是一个典型的港城一体化的国际城市，在交通运输业和临港制造业上地位突出，围绕港口已发展成为荷兰重要的批发商业和重工业中心以及物流中心。鹿特丹拥有世界级的港口，其集装箱大港是荷兰最主要的对外窗口之一，连接欧、美、亚、非、大洋五大洲，是国际航运枢纽和国际贸易中心，因此有“通往欧洲的门户”和“通往世界的门户”的称号。鹿特丹还以大学、河畔环境、活跃的文化生活、海洋遗产和现代建筑而闻名。

七、赫尔蒙德

赫尔蒙德是荷兰南部北布拉邦特省埃因霍温市的一个自治市，位于埃因霍温东部的南威廉运河（Zuid-Willemsvaart）沿岸，面积54.57平方千米（其中水域面积0.1平方千米），人口约9万人。

赫尔蒙德的第一个定居点建立于公元1000年前后。1232年，赫尔蒙德被授予城市权。自19世纪以来，赫尔蒙德的铸造业和纺织工业较为发达，目前仍拥有Vlisco等国际纺织企业。

赫尔蒙德的地标建筑是位于市中心的赫尔蒙德城堡，始建于1350年，曾作为当地政府的办公场所。目前，该城堡被改造为小型博物馆和美术馆。

八、金德代克

金德代克（在荷兰语中意为“小孩堤防”）是南荷兰省的一个村庄，位于鹿特丹以东约15千米、莱克河和诺德河交汇处的Alblasserwaard圩田。

金德代克在1740年前后建造了一个由19个风车组成的排水系统，以保持圩田不被淹没。金德代克是荷兰最大的风车集中地，被称为“风车村”，也是荷兰最著名的旅游景点之一。1997年，金德代克的风车被联合国教科文组织列为世界文化遗产。

九、安特卫普

安特卫普位于比利时北部，是弗拉芒大区安特卫普省的首府，也是比利时最重要的商业中心与港口城市，安特卫普是比利时人口最多的城市，市内人口约52万人。

安特卫普市区大部分位于斯海尔德河右岸，并通过该河与北海相连。安特卫普港是欧洲第二大港口，仅次于荷兰鹿特丹港，在全球港口排名第17位，年吞吐量达到2.352亿吨。安特卫普被认为是全球钻石业的心脏，80%的未加工钻石和50%的切工钻石都要经过安特卫普。在安特卫普有4个钻石交易所，最早的交易所可追溯到1886年。安特卫普还是世界上最古老的证券交易所大楼的所在地。

1291年，安特卫普被授予城市权。到了15世纪，安特卫普已经发展成为欧洲最大的贸易城市之一，至今仍然是区域重要的经济文化中心。

安特卫普市内主要的地标建筑包括市政厅、圣母大教堂、圣雅各伯教堂、中央火车站、鲁本斯故居博物馆、皇家艺术博物馆、国家海运博物馆和钻石博物馆等。

十、布鲁塞尔

布鲁塞尔位于布鲁塞尔-首都大区，是比利时的首都和王宫所在地，市内总人口约18万人，市区面积32.61平方千米。布鲁塞尔位于塞纳河畔，北部是低平的佛兰德平原，南部是略有起伏的布拉邦特台地，平均海拔58米。布鲁塞尔市区以中央大街为界，分上城、下城两部分。上城是王宫、议会、政府机关所在地和住宅区，集中了众多历史建筑及博物馆；下城为繁华的商业区，也是欧盟总部所在地。根据语境的不同，布鲁塞尔除了指代布鲁塞尔市之外，还可以指代布鲁塞尔-首都大区（人口约121万人，面积约161.38平方千米，由19个城市组成）和布鲁塞尔城市圈等区域。

布鲁塞尔是欧盟的主要行政机构所在地。在欧盟的4个主要机构中，欧洲理事会、欧盟委员会和欧盟理事会均位于布鲁塞尔，欧洲议会也在布鲁塞尔设有分会（全体议会则在法国斯特拉斯堡举行），因此，布鲁塞尔也被称为“欧洲首都”。北大西洋公约组织等众多国际组织的总部也设在布鲁塞尔。在2018年全球化与世界级城市研究小组与网络（Globalization and World Cities Research Network，GaWC）的全球城市排名中，布鲁塞尔被列为Alpha级全球城市（全球一线城市）。[①]

布鲁塞尔是一个双语城市，通用法语和荷兰语，目前法语的使用者占多数。布鲁塞尔的城市风貌包含了丰富多样的元素与文化符号，著名建筑星罗棋布，包括布鲁塞尔市政厅（1988年入选世界文化遗产）、拉肯皇家城堡、布鲁塞尔王宫、尿童小于连雕像、原子球塔、布鲁塞尔证券交易所、布鲁塞尔司法宫、比利时皇家美术博物馆、比利时漫画艺术中心以及欧盟总部大楼等。

① https://www.lboro.ac.uk/gawc/world2018t.html，访问日期：2020年6月18日。

第三章 实习主题与主要内容

第一节 多中心城市区域的基础建设与产业协作：兰斯塔德案例

一、城市区域结构的恒久之争：单中心与多中心

在当代城市和区域的研究中，单中心和多中心是两种被广泛探讨的城市区域结构。这里所谓的单中心与多中心，是以城市中心地域的数量划分的。单中心城市只有一个中心地域，其他城市区域围绕着该中心地域；多中心城市的中心地域之间相互联系。中心地域不仅包括中心商业区（central business district，CBD），也包括“边缘城市”和“郊区次中心”。城市一般是由单中心向多中心发展的。

单中心城市的中心是出口节点，即制造业企业通过城市中心的出口节点（通常是火车站）将其生产的产品出口到城市以外的地区。在西方城市早期的发展过程中，作为重要的工业生产基地，城市成为对外贸易和经济活动的中心。由于受到人口规模偏小、交通系统比较落后以及生产活动规模不大等因素的影响，在20世纪初以前，世界上绝大多数的主要城市大多发展缓慢，都可以归入单中心城市范畴。

随着信息时代的发展，城市之间沟通的不断加强成为不可阻挡的趋势。曼纽尔·卡斯特尔（Manuel Castells）在1989年提出了“流动空间”（space of flows）的概念，其含义为“不必地理邻接即可实现共享时间的社会实践的物质组织”。城市之间一系列人流、物质流、信息流的不断运动，使一些影响全世界的城市得以出现，并且，城市在全球化的进程中不断前进。由于全球化和信息化的浪潮，使得城市和区域研究的视角在过去十几年有了极大的改变，主要的一方面便是从城市等级体系（hierarchy）理论向城市网络（network）理论的变化（黄璜，2010；刘靖、张岩，2015）。理论的变化使得人们开始转变对城

市关系的思考，城市间并不单纯地只有竞争关系，也有相当重要的合作关系。

在这种视角下，多中心城市区域（polycentric urban regions，PURs）成为新时期城市与区域研究的热点话题，它是全球化、信息化时代一种新的空间形式（Hall & Pain，2006；Parr，2004；Meijers，2005）。多中心城市区域因其既可以提高区域整体竞争力，又能够促进区域更平衡地发展、缩小区域差距的双重益处，在欧盟国家得到了特别的重视。

GaWC研究团队通过高级生产性服务业的网络，构建全球城市体系的网络框架。在GaWC研究成果的基础上，彼特·霍尔（Peter Hall）领导的欧盟POLYNET项目（Sustainable Management of European Polycentric Mega-City Regions，欧洲多中心巨型城市区域可持续发展管理），在曼彻斯特、伦敦等8个地区收集了交通、通勤和通信等定量数据，以及生产型服务业高级管理人员的入户访谈等定性数据，形成了多中心区域的重要成果（Hall & Pain，2006）。欧盟随之提出多中心发展的政策目标，推出“欧洲空间规划观察网络”（European spatial planning observation network，ESPON），将多中心城市不断从理论区域推进到实际区域。

欧洲主要的巨型城市区域都呈现出多中心的特征，但它们的空间布局各不相同。一些区域由规模大致相等的城市构成，空间上呈现均匀分布的特征（如兰斯塔德地区、瑞典北部扩展大都市区）；一些区域以数个小规模中心围绕一个大的城镇集聚区的形态出现（如巴黎地区、大都柏林地区和英格兰东南部地区）；还有一些区域兼有上述两种特点（莱茵-鲁尔地区和比利时中部地区）。全面地考虑这些差异，意味着必须首先认识到每一个城市体系都源自不同的发展起点，有各自路径依赖式的发展轨迹，并且是在众多结构性驱动力和偶发因素的综合作用下被塑造而成的（图3-1）。今天的“多中心巨型城市区域”确实是从不同的初始形态发展而来的。它阐明了区域尺度的多中心特点（polycentricism），不仅指大城市向外扩散到其影响范围内的小规模中心的过程，同时也指数个较小或中等规模的城市各自的影响范围开始相互作用的过程（Champion，2001；兰布雷特、陈熳莎，2008）。

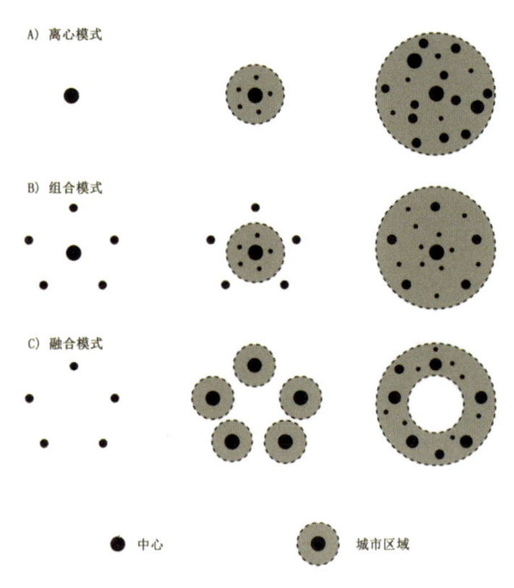

图3-1　多中心城市区域演化发展的不同路径（Champion，2001）

荷兰兰斯塔德地区是一个典型的多中心城市区域。该区域内城市间的分工协作达到了较高的平衡，是理论和实践应用研究的典型城市区域，有着重要的研究价值。

荷兰政府为防止人口过分集中和城市无序蔓延，从区域整体出发，疏散阿姆斯特丹、鹿特丹、海牙等大城市的人口，建设新城作为中心城区的副中心，并在城镇间保留缓冲地带（杜宁睿，2000）。在这样的规划思想指导下，兰斯塔德地区发展成荷兰独有的分散型世界级大都市区（图3-2），保留了既有的多中心都市区域结构，严格保护区域中心的农业用地，通过“绿色缓冲地区”形成空间分割，推进城市向都市区域的外围发展。

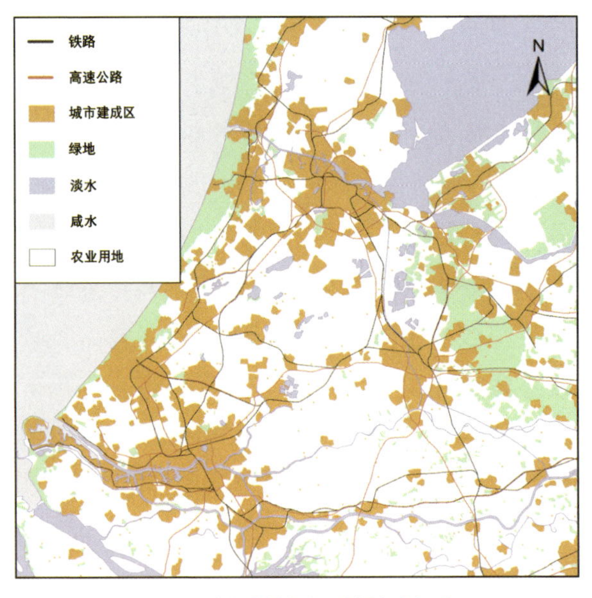

图 3-2　兰斯塔德地区城镇空间布局

（资料来源：dutchreview.com，访问日期：2020年6月5日，编者翻译）

通过发展城市网络，兰斯塔德地区多个中心之间既有明确的分工网络，又有日益密切的合作网络，很好地发挥了网络效应，成为能与伦敦、巴黎、纽约、东京等大都市相互竞争的世界性城市区域。

尽管一些欧洲决策者有时会过分乐观地相信多中心空间发展模式可以有效地解决一系列城市和区域问题，但多中心形态并非都尽如人意。以兰斯塔德地区为例，该地区分散化的空间布局阻碍了社会和经济的一体化。与巴黎、伦敦、马德里和米兰等真正的大都市区相比，由地区多样化、多中心形态带来的发展机会较少，集聚的程度要低得多，因此，兰斯塔德并没有获得类似伦敦、巴黎和法兰克福等真正大都市区的优越性和地位（Regio，2003，2004）。只有推动兰斯塔德的一体化进程，一些发展高端城市功能所必需的大型设施和关键场所才可能被建成并且有效地运作起来，这意味着必须加强不同经济核心区的联系，同时，政策措施的主要目标也应放在促进兰斯塔德不同地区间的联系上，而不是一味强调改善这些地区的内部条件。

本节接下来的两部分将通过兰斯塔德地区的案例，分析典型多中心城市区域的发展特征。

二、多中心之“骨”：兰斯塔德地区的基础设施及支撑网络

荷兰的空间规划作为公共政策的典型，其规划评估体系先进而成熟，覆盖了规划编制与运行的全过程，其基础设施建设在全世界范围内相对完善。荷兰政府重视对交通基础设施的投入，大型基础设施有阿姆斯特丹史基浦国际机场、鹿特丹港等。

（一）铁路交通建设

铁路作为一种长距离的交通运输方式，是城际间最为重要的联系方式。尽管在1840—1890年间，昂贵的铁路路桥修建费以及错综复杂的水网阻碍了铁路网络的发展，但随着经济的发展与技术的进步，火车渐渐开始成为最受欢迎的交通工具之一。即便越来越多新兴、快速的交通工具出现在人们的日

常生活中，火车也依然是人们不可缺少的出行工具。截至2020年6月，荷兰已经拥有2800多千米的铁路网。

荷兰的城市规划大多以交通枢纽站（如城市中央火车站）作为城市发展的核心，广场、商城均与火车站邻近。接下来，以乌得勒支的中央火车站为例进行介绍。

作为兰斯塔德地区最为重要的贸易、文化中心，乌得勒支市是荷兰铁路系统网络核心和国际铁路旅行的交集点，通过高速列车连接着许多重要的欧洲商业中心。乌得勒支中央火车站（图3-3）作为一个新的综合车站枢纽，综合管理并协调着火车、有轨电车和公共汽车的运作。它是荷兰最大、最繁忙的火车站，各个城市的旅游者、商务者等穿梭其间，有效地疏解了城市内部的大量人流和拥挤的交通状况。目前，每年约有8800万人次使用乌得勒支火车站，并且这个数字在不断增加；据预测，到2030年，这里流动的乘客将达到每年1亿人次。[①]

图 3-3　乌得勒支中央火车站交通枢纽（编者自摄）

乌得勒支城区以中央火车站作为中心，沿运河分为东部历史街区、中部车站商业区和西部扩展区（图3-4）。由于东部地价高且具有历史意义，在旧城改造时，东区原有房屋往往用于处理商业事务，而新建住宅区多在西区。因此，工作与生活区域的远距离，使居民频繁经过车站往返于东、西两区。

① https://kuaibao.qq.com/s/20180507A0SLNR00?refer=spider，访问日期：2020年6月18日。

图 3–4　乌得勒支中央火车站与城市布局的关系（编者自摄）

乌得勒支中央火车站的设计很好地体现出了荷兰建筑充满活力、亲近自然、注重历史保护的特点。中央火车站作为一个重要的交通枢纽，不只是人们来往城际间的站点，更有沟通东西部新老城区的重要功能。因此，中央火车站的设计者们将原来的平屋顶改为充满动感的波浪形，寓意一个自然的寻路者。波浪的三个"起伏"分别代表着火车站、电车站以及公共汽车站。另外，为了使室内获得更多的阳光，为车站营造真正的城市街道的氛围，设计师们采取了玻璃天窗的设计，同时设计了一条长廊，以方便城市内部的居民在不使用交通卡的情况下，可以直接穿过车站往返于东西城区或者进入商场购物（图3–5）。为了体现中央火车站沟通新老城区的作用，设计者们还特地将中央火车站内的新城广场的墙壁设计成不一样的风格，以体现新老城区不同的特点。

图 3-5　乌得勒支中央火车站内部设计（编者自摄）

为了适应日益增加的人流量，解决高峰期路网承载力不足的问题，乌得勒支对中央火车站进行了扩建，不仅增加了阿姆斯特丹和乌得勒支之间的铁路线路，还从列车本身入手，创新性地投入使用双层列车。

（二）自行车交通建设

荷兰是世界上人均自行车拥有量最高的国家，拥有超过人口数量的自行车，荷兰人30%以上的旅行是骑自行车完成的[①]；除了作为交通工具，自行车还被广泛用于锻炼、休闲、娱乐。可以说，自行车在荷兰是名副其实的“国骑”。

荷兰之所以能成为“自行车的国度”，不仅仅是因为荷兰拥有平坦的地势、不大的城市规模，更在于骑自行车出行得到了政府很好的扶持。出于节能和环保的考虑，荷兰政府大力提倡人们以自行车作为代步工具。在荷兰，全国道路网中的任何一条道路都分为三部分：机动车道、自行车道、人行

① http://www.itdp-china.org/news/?newid=103&lang=0，访问日期：2020年6月18日。

道，并分别用不同的颜色标明。交通路口还视需要专门设有自行车通行的信号灯。在有的自然保护区，不开通机动车道，却辟有自行车路线，供人们骑自行车游览。

荷兰交通部甚至还制订了“自行车专家计划”，其内容包括新款自行车的研制、增设自行车停车场和租赁场、允许将自行车带上火车等。以鹿特丹中央火车站地下自行车停车场（图3-6）为例：该停车场共有三层，每一层都会以不同类型的自行车为标准划分停放区域；在停放区域内，又会通过字母与数字进行进一步分区。除此之外，智能设备的安放以及位于停车场内部的维修点、租赁点，都使人们可以更加轻松、便捷地使用自行车。

图 3-6　鹿特丹地下自行车停车场（编者自摄）

在自然环境与人文环境的共同作用下，自行车成为荷兰人最受欢迎的短距离出行交通工具。荷兰居民每年骑自行车出行的距离达到其公共交通出行总路程的60%以上，并且仍有增加的趋势。随着骑行人数的不断增加，荷兰政府开始将大量的汽车停车场改建为自行车停车场（冯建喜 等，2013）。由于荷兰的自行车数量远超过人口数，有许多自行车处于闲置待用的状态，这也就要

求政府提供相应数量的自行车停车位来满足市民的需求。为此，荷兰大大小小的交通节点、居民聚集地都会建有不同规模的自行车停车场。停车场不仅设置了节省空间的放置系统以增加停车位数量，还考虑了城市洪涝灾害频发的情况，在自行车停车场的上面建立储水设施，以存储洪涝时不能及时处理的多余积水。

除此之外，在荷兰一些城市（如乌得勒支）的老城区内，伴随着汽车数量的减少和居民数量的增加，政府开始缩小既有街道的宽度，以减少汽车通勤、增加自行车通勤。这在一定程度上舒缓了城市内部的道路压力和交通拥堵状况。

（三）机场建设

史基浦机场（图3-7）坐落于阿姆斯特丹西南方市郊，拥有5条可以起降大型民航机的主跑道与一条主要供通用航空使用的辅助跑道。凭借着每年4000万人次的客运量以及将近100万吨的货运量，史基浦机场当之无愧地成为荷兰最重要的机场。根据最新数据，史基浦机场已成为欧洲运送旅客量、吞吐货物量均排名第4的机场。[①]

图 3-7　阿姆斯特丹史基浦机场（编者自摄）

① https://www.schiphol.nl/en/，访问日期：2020年6月18日。

为了适应日益加深的全球化，史基浦机场开始逐渐嵌入全球中心城市的航空网络中。史基浦机场未来的发展定位从建设“全欧洲效率最高的交通枢纽”转变为“欧洲人最偏爱的机场”。为了实现这一目标，机场管理方强调整洁、有序和良好的顾客体验，并提出了空港城综合体计划。具体来说，为了给全球商务、精英人士打造独特和富于个性化的机场服务体验，史基浦机场在保障自己运输功能（如增加航线数量、扩大物流运输服务范围等）的情况下，建设了许多具有会展、会议、接待等功能的空间，将机场从单一的航空枢纽的功能拓展成为空港城综合体。从区域尺度上看，这一做法加强了荷兰主要城市之间的基础设施联系，使区域发展走向一体化模式。史基浦空港城综合体计划的成功，加上国内短距离飞行的流行，使得史基浦机场每年的客运量是荷兰第二大机场——鹿特丹机场的4倍。[①]

随着外来旅客、移民者的到来，城市人口不断增加，史基浦机场面临着路网系统、停车区域、服务和消费设施等需求隐性增长的问题。考虑到可利用的土地有限，史基浦机场管理机构 Royal Schiphol Group 在未来仅仅计划新增一个机场口来分散机场内部的压力，然后通过建立史基浦国际机场和区域机场相互协作的机场网络来进一步分散机场压力，将热点中心放在史基浦国际机场，非热点中心则放在区域机场。

（四）港口建设

荷兰港口最先发展于北部和西部，中世纪时在汉莎同盟[②]中占有重要地位。经过长期的竞争，鹿特丹港（图3-8）成为欧洲最大的港口。

---

① https://zh.wikipedia.org/wiki/%E9%B9%BF%E7%89%B9%E4%B8%B9%E6%B5%B7%E7%89%99%E6%9C%BA%E5%9C%BA，访问日期：2020年6月18日；https://www.schiphol.nl/en/，访问日期：2020年6月18日。

② 汉莎同盟（the Hanseatic League）是北欧沿海各商业城市和同业公会为维持自身贸易垄断而结成的经济同盟。该同盟从中世纪晚期一直持续到早期现代时期（约13—17世纪），其范围西起北海，东至波罗的海，并延伸至内陆地区。

图 3-8　鹿特丹港口概貌（编者自摄）

鹿特丹港位于莱茵河与马斯河河口，有“欧洲门户”之称。“二战”后，随着欧洲经济的复兴和共同市场的建立，鹿特丹港凭借优越的地理位置得到迅速的发展。1961年，鹿特丹港年吞吐量首次超过纽约港（1.8亿吨），成为世界第一大港。鹿特丹港口附近不仅建立了先进的物流产业园，也形成了一个巨大的临港工业园。

随着全球化进程的逐步深化，鹿特丹港口虽仍稳居欧洲第一大港，但世界排名逐渐下滑到第八九位。基于这一背景，荷兰政府转变了港口发展的想法，致力于将鹿特丹港建设成为世界最清洁、最高效的港口，期望实现零污染、零排放。于是，荷兰政府针对二氧化碳排放进行了深入的研究，最后提出了两种技术成熟的解决方案：一是种植绿色植物，通过光合作用吸收二氧化碳，如今，这个方法已经在鹿特丹港区大范围运用；二是将二氧化碳通过泵压埋入地下，但因为群众对地下储存二氧化碳的安全性抱有怀疑态度，这一方案暂时没有得到广泛的推广。由此可见，公众的意见在荷兰政府政策的制定上起到了很大的作用。

除了港口的环境保护政策以外，鹿特丹港建设过程中，政府与其他运营公司之间的合作也是我们在发展现代化港口时可以借鉴之处。鹿特丹港是由荷兰政府与鹿特丹市政府共同出资建设的：荷兰政府投资占30%，鹿特丹市政府投资占70%。政府部门一是负责港口基础设施的规划建设，并承担港口的日常管理、解决水陆通航安全问题、进行新技术的研发和发展研究等工作。二是制定港区长远规划，完善港区规章制度、土地出租条例等，指导进港企业的经营活动，并且对港区内的码头、航道、土地和其他基础设施进行统一开发建设。其他各个公司则承担港区基础设施建设与运营发展等业务工作，从而实现港口经营多元化市场运作。三是将岸线和土地出租给码头装卸公司、仓储公司、工业货物和液化货物码头公司等，并收取相应的土地出租费用。鹿特丹港在货物码头和联运设施附近大力规划建设物流园区，主要为实现拆装箱、仓储、组装、修理及向欧洲各收货点配送等功能，提供一体化服务。

此外，食品工业是鹿特丹港另一种非常重要的工业，如联合利华、可口可乐等食品公司的贸易、存储、加工以及运输等都集中在港区。临港产业的发展在一定程度上也大大刺激了鹿特丹港的发展。

三、多中心之“肉”：兰斯塔德主要城市的产业分工与合作

与其他欧洲国家不同，荷兰不存在一个明显的首位城市。全国的政治、经济、文化中心职能被分散于相距很近但彼此又适当分开的阿姆斯特丹、鹿特丹、海牙和乌得勒支4市，这4个城市都位于兰斯塔德地区。

兰斯塔德地区在20世纪50年代就引起了广泛的关注，其不同规模的城市形成的环状城市带环抱着中央“绿心”的区域城市空间模式，曾被英国著名规划师皮特·霍尔（Peter Holt）倍加赞赏。霍尔（1966）在其《世界大城市》一书中对兰斯塔德的地域范围、历史发展、存在问题、相应的规划及政策等做过较为详尽的描述，指出“这是值得其他国家研究的模式”。

（一）兰斯塔德地区城市分工与合作

兰斯塔德地区是由多个功能上互补的专业化中心构成的互补型城市网络。它素来强调多中心之间的分工与互补，把一个大城市所具有的多种职能，分散

到大、中、小城市，形成既相对独立又密切联系，并有明确职能分工的城市区域（表3-1）。20世纪90年代后，兰斯塔德地区尤为重视多中心之间的互动与合作，推进基础设施网络、管理协调网络的建设，致力于发展城市网络。

表 3-1　兰斯塔德地区城市具体分工

城市	城市在兰斯塔德地区的功能	城市的核心功能
阿姆斯福特（Amersfoort）	贸易与分销（物流）	商业服务（保险业）
乌得勒支（Utrecht）	商业服务（商业驱动效能服务）	商业服务（商业驱动效能服务）
希尔弗瑟姆（Hilversum）	商业服务（媒体）	商业服务（商业驱动效能服务）、非营利服务（广播业）
阿姆斯特丹（Amsterdam）	商业服务（商业驱动效能服务）、客户服务（零售业）	商业服务（商业驱动效能服务）
哈勒姆（Haarlem）	知识型制造业（制药产业）、客户服务（零售业）	知识型制造业（制药产业）、客户服务（出版业）
莱顿（Leiden）	资本密集型制造业（饮料制造业）、客户服务（零售业）	非营利服务（大学教育）
海牙（Hague）	商业服务（保险业、电信业）	商业服务（电信业）、非营利服务（政府服务）
鹿特丹（Rotterdam）	贸易与分销（港口）	商业服务（商业咨询）、贸易与分销（港口）
多德雷赫特（Dordrecht）	贸易与分销（港口）、知识型制造业（化工产业）	知识型制造业（化工产业）、劳动密集型制造业（金属制造业）

资料来源：（Regio，2004），编者翻译。

兰斯塔德地区的四大城市分工明确：阿姆斯特丹是荷兰的首都，是重要的经济、文化、金融中心，分布着相应的加工工业和轻工业；海牙是荷兰中央政府所在地，亦是重要的国际事务及外交活动中心；鹿特丹是重要的批发商业和重工业中心，拥有世界级的港口；乌得勒支位于国家主要的铁路、公路干线交会点，是重要的交通运输枢纽城市和全国性会议中心。鹿特丹的集装箱大港和阿姆斯特丹史基浦机场是荷兰最主要的两个对外窗口，先进的设施和高效的运转为荷兰成为欧洲的门户创造了条件。阿姆斯特丹、海牙、鹿特丹、乌得勒支这四大城市分别承担了商贸、工业、行政、教育的城市功能，分工明确的同时又在区域一体化的基础上展开密切的联系与配合，专业化的分工促进了城市运转效率的提高，城市职能的分散避免了城市的过度集聚与扩张。该地区的大部分城市都至少拥有400年的历史，城市的发展则具有路径依赖的特点，各城市发展到一定阶段后，其影响范围开始相互交织，加上交通等基础设施联系的加强，该地区的城市逐渐“融合”成一体（Champion，2001；兰布雷特、陈熳莎，2008），成为典型的多中心城市区域。

围绕这四大城市的还有一系列的中小城镇，如莱顿、哈勒姆、希尔弗瑟姆。这些城市（镇）共同组成了职能分工明确、专业化特点明显、相互联系密切的多中心的城镇群体。在这个城镇群体的中心是一个不规则形状的“绿心”——农业和游憩带，是荷兰精细农业（如温室种植、园艺产业）和精细畜牧业最为发达的地区，也是周围城市间的游憩缓冲地。

（二）兰斯塔德地区城市网络形成原因

世界上每一个城市体系都源于不同的发展起点，有各自路径依赖式的发展轨迹，并且在众多结构性驱动力和偶发因素的综合作用下被塑造而成。兰斯塔德地区多中心空间结构的形成与发展，与该地区的自然地理条件、行政体制、城市与区域规划等因素均有关系。

兰斯塔德地区的兴起主要与两个因素息息相关：第一个因素是兰斯塔德地区独特的自然地理条件，第二个因素则是该地区的经济要素。在自然因素方面，兰斯塔德地区在历史上是一个难以利用的泥炭沼泽地区，河网纵横。兰斯塔德地区早期的居民点是在逐步的排水过程中形成的。建造堤坎、排出海水，是一项地方性很强的工作（Kloosterman & Lambregts，2001），需要根据当地具体的地形、水深和设施的排水能力一步步地进行。因此，居民点的分布与排出海水而获得土地的可能性密切相关，在泥炭沼泽地区持续几百年的排水造地使得居民点的分布比较分散。在此基础上，随着周围国家之间的商贸和航运发展，一些靠近河岸、海岸、河流交汇处或河流与道路交会处的居民点，如阿姆斯特丹、鹿特丹，逐步发展成为规模较大的城市，其位置也像海中的岛屿一样分布在各处。分散的居民点和城市体系促成了行政体制的松散，地方当局对于土地使用拥有很大的控制权，以致地方高度自治、分离的政治和行政结构在此区域流行，这又进一步使得各城镇相对分散地发展。在经济因素方面，作为欧洲内陆与海外进行交易的中转站，兰斯塔德地区的经济十分发达，区域内分布着欧洲最大的海港鹿特丹港和欧洲第四大机场史基浦机场，均位于欧洲“蓝香蕉”区域[①]经济带上，是荷兰经济最发达的城市区域。兰斯塔德城市在区域经济整体发展的同时，也注重区域内的均衡发展。正如彼得·霍尔（1966）所说，兰斯塔德地区的功能是分散在多个城市的，而这也是兰斯塔德地区持续发展的动力来源之一。

同时，兰斯塔德地区形成多中心空间结构与发展和城市与区域规划紧密相关。兰斯塔德地区保持多中心空间结构与荷兰将保护“绿心”作为国策密不可分。随着城市发展对空间需求的增加和农业本身经济规模的扩展，“绿心”成为城市化过程中城乡用地矛盾最突出、空间争夺最激烈的区域。荷兰的国家政策和空间规划历来强调保护“绿心”的开放性，通过保持“绿心”的开放性以防止城市无序蔓延，从而获得较高的空间质量。尽管面临众多压力与争议，荷兰政府保护“绿心”的努力却一直没有减少。正是这种努力，使得荷兰形成了相对分散的区域空间布局以及良好的空间环境，在发展的同时避免了普遍存在的“大城市病”。这也使兰斯塔德地区成为众多世界城市中具有鲜明多中心网络型城市特征的典型代表。

① “蓝香蕉”区域又名“热香蕉”、欧洲大都市带、曼彻斯特-米兰轴或欧洲的骨干，是指欧洲中西部人口较为密集的地带，约有1.1亿人（欧洲人口约为7.3亿）。“蓝香蕉”区域分布自意大利北部至英格兰西北部。这一区域包括了欧洲甚至世界人口、金钱或工业最集中的地区。这一概念是1989年由法国地理学家罗歇·布吕内（Roger Brunet）提出的。“蓝”是欧盟盟旗的蓝颜色（代表欧洲），而“香蕉”是指这一核心经济区域的形状。

半个世纪以来，荷兰一直试行的是一种“分散化的集中型”城市发展模式，这种规划尝试已经较为成功地缩小了区域经济的差异。虽然兰斯塔德仍然是荷兰经济的核心区，但整个国土的城市分布趋于均衡化，区域发展亦达到相对平衡。从全国的角度来看，荷兰的铁路、公路等基础设施十分发达，这为各项产业和城镇居民点的分散布局创造了条件，产业布点更加自由。20世纪90年代以后，荷兰更加关注整个国家的可持续发展，城市发展的目标不仅要最大限度地缩小区域之间的差异，而且要小心谨慎地保护类似兰斯塔德中央“绿心”那样的地域免受城市化的负面影响，经济发展和环境保护相协调成为荷兰城镇居民点发展和规划的双重重要议题。

四、小　结

兰斯塔德地区以基础设施为“骨”、产业为“肉”，建立起新型的区际产业互动模式，从整体出发，在考虑不同区域空间特性的基础上，根据各区域资源环境的承载能力、现有的开发强度和未来的发展潜力，划分出有自己的主体功能定位和优先产业发展方向的不同的功能区域，从而实现了工业区、农业区、都市区和生态区在空间上的合理布局，促进了整体区域产业与人口、生态、资源的相互协调，最终形成具有竞争力的产业空间优势，并在区域之间划分出“绿心”加以保护。在此基础上，该区域内各个城市通过运转自身的职能，形成了各自集聚和分散的优势，为居民创建了优质的居住、工作、交通和通勤条件。这些都是值得我国相关部门学习和借鉴的。

第二节　区域水资源管理与水利工程建设

荷兰水系众多，主要河流有莱茵河、马斯河和斯海尔德河。莱茵河从德国流入荷兰，马斯河和斯海尔德河从比利时流入荷兰，三条河流在荷兰境内形成广阔的河口三角洲。荷兰的历史，也可以看作与水抗争、与水共存的历史。荷兰人在与水的长期斗争及和平共处中，积累了丰富的治水经验，成为

世界各国争相学习的典范。

在中世纪末期，水资源管理委员会成为荷兰当局专门管理水资源的机构。自13世纪以来，水资源管理委员会的公共责任即完善水资源管理设施。从16世纪到19世纪，社会经济发展需要稳定安全的城市环境，因而水资源管理成为城市规划的重要部分，在这一时期里，荷兰的运河明显增多，地下管网系统不断完善。自20世纪开始，水资源管理从城市规划扩展到城郊地区，成为郊区/农村地区土地利用规划的重要组成部分。

20世纪末，全球温室效应使得气候剧烈变化，荷兰也遭受严重的风暴潮袭击，堤防溃决，大半国土淹没在洪水之下。经历这次惨痛的灾难后，荷兰政府提出“room for rivers”（给河流腾出空间）的政策，通过恢复河流原本的泛滥区域来保证河流洪水的正常过境，并且保护河流周边环境，营造安全、绿色的生活环境。基于“给河流腾出空间”的理念，乌得勒支大学的河流与三角洲动力实验室做了大量的研究，并制订出适应城市发展的河流泛滥规划和生态恢复方案。

本节将介绍荷兰水利工程建设的三个典型案例。

一、三角洲工程主要生态问题及改造

莱茵河、马斯河与斯海尔德河的交汇处形成了口门众多、河网交错的河口三角洲，位于荷兰西南部。该区域也是荷兰三角洲工程所在地。三角洲区域的河段冬季不冻，水温、盐度适宜，平均潮差3.2米，丰富的海洋生物自河口进入该河。因此，河流生态环境适合多种鱼类、鸟类、贝类的繁殖与生长，渔业和水产养殖业成为当地经济的重要支柱，三角洲已发展成荷兰沿海肥沃、富饶的地区之一。

荷兰无地震和火山灾害的威胁，唯一的自然灾害便是洪水。对处于低洼之地的荷兰人民来说，被内河淹没的危险远大于海水涌入的威胁。荷兰1953年的大洪水被直接称作“大灾难”。此次天文大潮与连续1小时的12级西北方向风暴同时作用，一时间潮水大涨，最高潮位达到了阿姆斯特丹基面以上4～5米，堤岸损毁，沿岸土地被淹没，4.7万座房屋被毁，1835人丧生，20万头牲畜死亡，7.2万人流离失所（水利家园，2019）。

经历了1953年大洪水后，荷兰政府为了消除洪水灾害对荷兰的威胁，将三角洲工程提升到最高级别工程，并通过了《三角洲法案》。该法案的实施为三角洲工程奠定了基础。荷兰三角洲工程包括12个子项目，从1954年开始设计，1956年开始动工，1986年全部竣工并投入使用，一共耗资120亿荷兰盾。该项目使一些峡湾的入口被大坝封闭，从而让海岸线缩短700千米，河口地区出现河水泛滥降至4000年一遇，内陆地区则降低到万年一遇。同时，考虑到航运需要，该工程在离河口30千米～40千米的上游河段安排了一系列为通航、泄洪和水资源管理服务的水利工程设施，并在建造过程中使用了最新的科研和技术成果。如在建造东斯海尔德8千米长的大坝时，采用了非完全封闭式的大坝，共修建了65个高度为30米～40米、重1.8万吨的坝墩，安装了62个巨型活动钢板闸门。接下来，以东斯海尔德大坝工程为例，对荷兰三角洲工程进行具体介绍。

东斯海尔德河口宽8000米，最大水深40米，平均潮差3.2米，一个潮的过水量达11亿立方米。按照原计划，东斯海尔德大坝1967年开始动工，于1978年完工。该工程计划第一步先利用河口原有的浅滩，抛填出3个人工岛，然后用3000米长的坝将其中两个人工岛连成一体。到了1973年，该工程已在河中抛筑了总长5000米的人工岛和坝体。余下总宽度约3000米的3个汊道，原计划利用跨河索道抛填预制混凝土块的方法堵口筑坝，施工用的索道铁塔亦已建成。但此时，新的情况出现，不仅使工程暂时停滞，还需要重新确定工程方案。这个新的情况是20世纪60年代末荷兰国内关于加强生态环境保护的呼声日益高涨。民众对生态环境影响最大的三角洲工程之东斯海尔德大坝工程出现了一些反对的声音，政府十分重视并成立了一个特别委员会，对工程区域的生态问题进行研究。当时民众反对工程的焦点是，若采用工程实体坝拦断东斯海尔德河口，东斯海尔德水道将不再是潮汐通道，坝后会形成一个淡水湖，水位变化亦将消失，这将导致当地动植物的生存环境出现巨大变化，多种鱼类和贝类将被置于濒临灭绝的境地。在此背景下，一批科学工程者、自然保护主义者和渔业、水产业者开始反对拦断东斯海尔德河口，并要求保持

潮汐通道开敞。他们希望用加高两岸堤顶高程的方法来挡潮防洪。鉴于东斯海尔德河口地区生态环境对动植物生长保护和对荷兰经济发展、国际影响的重要性，1974年，政府决定改变原三角洲工程计划，并着手制订新的既能可靠地防洪，又能保护当地生态环境的工程方案。

新的三角洲工程方案采用挡潮闸代替原来的实体坝（图3-9）。即在通常情况下保持东斯海尔德潮汐通道的畅通，一旦遭受风暴潮和特别高水位的威胁，挡潮闸重达300～480吨的闸门可在1小时内关闭，以确保三角洲地区的安全。尽管闸门开启时留有1.4万平方米的过水面积，但挡潮闸的存在仍然会使进出河口的潮量比原来减少，因而使潮差减小。为使河口基本保持原有的潮差（一些动植物存活的需要），新方案同时还在闸后的河段中筑坝进行分隔，目的是相应减小纳潮面积，从而保持原有潮差基本不变。这就是配套的菲利浦坝和奥斯特坝，这两个坝建成之后，才形成免受潮汐影响的淡水的安特卫普—莱茵航道。

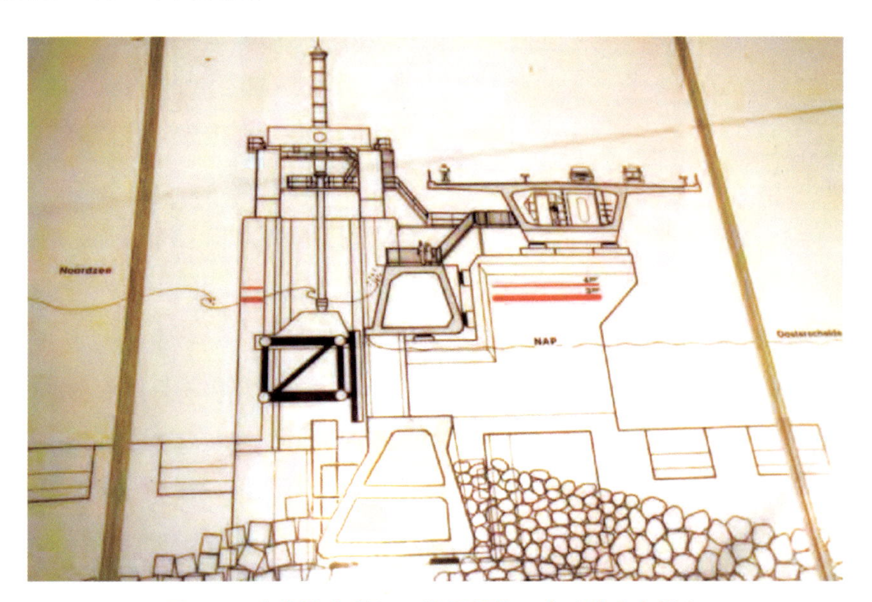

图 3-9　东斯海尔德河口筑坝操控示意（编者自摄）

新的三角洲方案批准实施时，东斯海尔德河口尚剩下总宽约3000米的3个汊道。其中，哈门汊道宽1265米，拟建闸长675米；罗根普拉特汊道宽1195米，拟建闸长720米；主汊道叫罗姆波特，宽965米，拟建闸长1440米。

按计划，总共建65个钢筋混凝土预制墩，62扇钢闸门，墩的中心距为45米。闸门高度5.9～11.9米，最重的达480吨。预应力钢筋混凝土预制闸墩单个最重达1.8万吨。

每一个闸墩的建造周期为1年半，每隔2个星期新开工一个墩子，所以一般总有30个以上的墩子在同时施工。从1979年3月开始预制，直至1983年才全部完成，总混凝土方量为45万立方米。

三角洲工程不但技术复杂，而且施工难度也很大。有人将其比作“登月行动”。荷兰在实施这一工程时，为保护该地区的一些海生动植物不受工程影响而消失，运用了其在水利建设方面取得的新的科研和技术成果。三角洲工程使荷兰西南部地区摆脱了水患的困扰，改善了鹿特丹至比利时安特卫普的交通，促进了该地区乃至全荷兰的经济发展。

二、低洼地区的农业水利改造：金德代克风车群案例

为克服海潮的不间断侵蚀，历史时期的荷兰人筑坝围堤，向海争地，建造了高达9米的抽水风车，用以营造生息的家园。荷兰位于西风带，一年四季盛吹西风；同时它濒临大西洋，又是典型的海洋性气候国家。这给缺乏水力、动力资源的荷兰，提供了利用风能的得天独厚的条件。由于历史上对沼泽的持续开垦，荷兰西部土地逐渐下沉并面临着严峻的内涝隐患，因此，荷兰城市和乡村建设均以水利系统建设作为核心。历经几个世纪，荷兰逐渐积淀起强大的治水文化传统，并建设遍布全国的圩田运河（polder-cannel）系统，造就了荷兰西部最具代表性的乡村景观。

1229年，荷兰人发明了世界上第一座风车，从此开始了人类使用风车的历史。在当时其作用是灌溉农田。18世纪中叶，荷兰的风车多达1万台。早在15世纪，荷兰人民就把磨粮食的磨坊发展成最初的汲水设备，即一种借助于风力的“磨水”风车，它的功能是给地势低下的围垦地排水。17世纪初，人们进一步完善了围垦地排水的技术，他们将多个风车一个接一个地排列起

来，这就诞生了所谓的“风车道”。很多年来，这种道路在沼泽地区是很典型的。到18世纪中叶，荷兰的风车多达1万座。在没有电力的年代，荷兰人就依靠着巨大的抽水风车围海造田，将海平面低洼地区的积水排出，使地表不至于被水淹没，从而不断扩大自己的生存空间。

现在，大部分风车已被电力代替，只剩下不足1000台，其中300多台仍在使用，余下的均作为历史古迹被保留下来供人参观。为此，荷兰将每年5月的第二个星期六定为“风车日”，在这一天全国所有的风车都会转动起来，吸引无数游人前来观赏。从1927年起，使用柴油机的抽水站接手了抽水工作，风车就不再被人们使用了。不过，在“二战”中，由于缺乏燃料无法驱动抽水机，风车又一次得到使用，这也是人们最后一次使用风车进行抽水工作。

实习期间实地参观的金德代克是荷兰著名的“风车村”。金德代克的每一个风车都是一个风车塔房，呈圆锥形，墙壁自上而下向里倾斜。风车的41片长方形翼板固定在塔房顶部的风车上。塔房分多层，分别作睡觉、吃饭之用，有的家族在风车塔房里已生活了200多年。每年7—8月的星期六对外开放的金德代克风车，为荷兰旅游业的一大景观（图3-10）。

图 3-10　金德代克的风车

（资料来源：https://www.public-transport-holland.com/2019/02/18/kinderdijk-molin-beauty/，访问日期：2020年6月18日）

风车群工作的原理是风车扇页在风的作用下转动，并且带动齿轮的转动来达到抽水的目的，将风力转化为动能。在金德代克，19座风车面对面排列成两排，一排为圆形砖结构的低洲风车（Nederwaard），另一排为八角形的高洲风车（Overwaard），每一排风车都依次排序沿河而建。这些风车将风力转化为水车的动力，抽取平地的积水并将其导入莱克河。低洲风车首先把水从低坡排到高坡，高洲风车接着把高坡的水排到更高的水库，最后，水从水库流入河流。

三、城市水循环系统设计：鹿特丹案例

鹿特丹素有“水城”之称，城市内90%的区域低于海平面，面临着海水倒灌、洪涝淹城的威胁。除此之外，在全球气候变暖的背景下，该城市降水量增多。而鹿特丹洼地较多、排水困难，洪涝灾害的威胁进一步加大。2015年，鹿特丹需要排出60万平方米的降水，其覆盖面积相当于整个鹿特丹市区的面积，解决“排水问题”迫在眉睫，急需大量储水空间来吸纳这些超出城市排水系统能力范畴的多余水体。为了解决这一问题，鹿特丹并没有采取传统的开挖水渠或建造大量地下蓄水池的方法，而是创新地将蓄水空间与城市公共空间相结合，创造出“水广场”“地下停车场蓄水空间”“绿色屋顶”“雨水花园”等一系列存蓄雨水的新模式。

（一）水广场

建设水管网、地下蓄水池等传统排涝方法因巨大的排水压力而导致造价很高，且对于公共空间的改善无济于事。由此可见，对于偶发性洪涝，使用传统的排涝方式会造成大量资源的浪费和低效的缓解洪涝作用。除此之外，倘若建设的传统排水系统承载力不足，加上这套系统位于地下，不为人们所见，往往会导致人们对雨洪威胁的忽视，则进一步威胁公众生命财产安全。基于这一思考，鹿特丹的城市设计从排水转为蓄水，从不可见的设施转化为与公众“对话”的公共空间。

通过公共图书馆工作人员Mr. Joey Boute的讲解，参与实习的学生可以

了解到水广场这一鹿特丹蓄水公共空间的特点和作用。水广场由一个或多个下沉式广场组成（图3-11），它在日常生活中作为城市公共广场供居民休闲娱乐，在极端情况下作为蓄水池收集雨水。其原理也十分简单易懂：通过阶梯营造多级蓄水功能，由此可判断水量的多少。蓄水时，人们可以通过蓄水状况直观地了解降雨的强度，从侧面加强了人们防范雨洪的意识。一旦出现极端大量的降雨，雨水将通过水槽流入下沉广场，当暴雨结束及城市排水系统恢复正常，水广场里存积的雨水将逐渐排放到附近的自然水域或下水管网中，水广场恢复为地面干爽的公共休闲广场。这一方案可谓是一举两得。

图 3-11　鹿特丹水广场示意

（资料来源：http://www.urbanisten.nl/wp/?portfolio=waterplein-benthemplein，访问日期：2020年6月5日）

水广场的建造过程更充分体现了荷兰参与式规划的思想。在水广场的早期设计阶段，设计团队邀请了周围居民参与讨论设计，汇总居民意见后，将其定位为“充满活力与亲切感，兼具绿色环保与美观大方，适合年轻人的公共场所”。现在的水广场由三个功能各异的子广场组成，在日常生活中分别作为舞台表演区、滑板轮滑运动区和球类运动场。地面上还绘有色彩丰富的图案并饰有细长的灯条，营造出一种富有活力的氛围。此外，水广场利用地面与下沉广场的高度差做成台阶，可作为人们观看运动或表演的看台。三个子广场除储水之外的功能都能够迎合青年人的兴趣爱好，成为一个充满活力的城市空间。

观察水广场周围的环境可以发现，它周围坐落着学校、剧院、足球俱乐部等青年人聚集的空间，广场的使用人群除了部分来自附近社区的居民以外，以充满活力的青年人为主体，这使水广场成为城市中充满朝气和活力的空间。而激发城市活力，促进城市居民交往，构建人与人之间和谐相处的网络恰恰是公共空间最大的价值，水广场在解决鹿特丹水患问题的同时，可谓将公共空间的载体作用发挥得淋漓尽致。

（二）地下停车场蓄水空间

由于鹿特丹的蓄水压力非常大，不可能凭借单一的水广场等室外形式疏解这一问题，而车库蓄水便是常见的辅助手段之一。这一方法不直接利用城市空间，与传统的地下排水网形式有相通之处；然而不同的是，车库以蓄水为目标，不需要发挥疏散的功能。这种方法的提出是十分具有创新性的，它可以充分利用停车场下面未开发的地下空间，解决密度较高地区缺少大面积室外建设空间的问题。鹿特丹文化中心博物馆公园的地下停车场蓄水空间，其蓄水量相当于4个奥林匹克运动会游泳馆的容量，是荷兰最大的地下蓄水设施（图3-12、图3-13）。除此之外，鹿特丹中央火车站的地下停车场也发挥着蓄水的作用（图3-14）。这样，通过给车库赋予新的功能，鹿特丹中央火车站有效地活化了城市空间。

图3-12　鹿特丹文化中心博物馆公园地下停车场蓄水空间示意

（资料来源：鹿特丹文化中心博物馆）

图3-13 鹿特丹地下停车场蓄水空间地面景观（编者自摄）

图 3-14　鹿特丹中央火车站地下蓄水空间

（资料来源：鹿特丹文化中心博物馆）

我国城市内人口、建设密度大，城市内经济密度也大。由于城市设计对排水蓄水系统的忽视，一旦发生雨洪灾害，造成的损失不可估量。正因为高强度的建设，在城市内寻找适合建设水广场的大型地下空间难以实现；地下停车场蓄水原理则另辟蹊径，通过充分利用地下空间，拓展地下已用空间的功能，这一方法对我国城市内涝问题的解决有一定的参考价值。

（三）“绿色屋顶”

为了平衡人、水之间的关系，鹿特丹将空间的运用发挥到极致，除了整片立体空间的利用，鹿城对城市边角的空间也进行了活化。“二战”时期，鹿特丹城市悉数被毁，经过重建的建筑，无论是低层民居还是市中心的高楼大厦，基本都采用平屋顶的形式。经统计，当时的平屋顶面积达到了14.5平方千米。于是，具有创新精神的鹿特丹规划人员提出了建设“绿色屋顶”的想法，其主要功能是暂时储存雨水、减少地表水流量、减轻城市水系统的排水压力及降低城市街道内涝的发生机率。

在参观乌得勒支中央火车站时，我们能够从城市总体模型上看出这一理念在荷兰的充分应用。“绿色屋顶”的作用不仅仅在于解决水问题，还包括创造绿色城市景观、提高人居环境质量、激发城市活力、以屋顶花园的形式提升其可进入性、满足城市居民的休闲需求、修复城市生态环境，以及缓解城市热岛效应。

建设“绿色屋顶”有一定的技术和实践难度。为了落实这一项目，鹿特丹强制要求市政府、中央图书馆、巴士站等公共建筑率先应用（图3-15）。同时，为了调动城内大量私人住宅对屋顶进行绿色改造，鹿特丹政府自2008年便对建设“绿色屋顶”给予30欧元/平方米的补助。

图3-15　荷兰巴士站的绿色屋顶

（资料来源：www.sohu.com/a/334502738_291951，访问日期：2020年6月5日）

我国城市建筑密集，可利用的屋顶面积大，“绿色屋顶”的概念同样适用于我国。而要在我国推行这一项目，同样需要政府率先改造公共建筑。但我国建筑所有权与鹿特丹稍有区别，我国对于城市内楼房景观的管制较为严格，因此，推动这一项目更多的是需要政府完善城市景观规划，对相应建筑公司给予技术支持、资金补贴，以充分调动企业的积极性，推动“绿色屋顶”的建设。除此之外，还要通过充分宣传，引导城市居民对“绿色屋顶”措施的认可，推动城市居民居住空间观念的改变。

（四）雨水花园

图 3-16　鹿特丹街道雨水花园示意（编者自摄）

雨水花园指的是在园林绿地中种有树木或灌木的低洼区域，由树皮或地被植物作为覆盖。通过将雨水滞留、下渗来补充地下水并降低暴雨时地表径流的洪峰，还可通过吸附、降解、离子交换和挥发等过程减少污染。其中，浅坑部分能够蓄积一定的雨水，延缓雨水汇集的时间；土壤能够增加雨水下渗，缓解地表积水现象；蓄积的雨水能够被植物利用，减少绿地的灌溉水量。行走在鹿特丹的街道上，随处可见小型的雨水花园（图3-16），在缓解水资源短缺问题的同时，雨水花园有机地融入了城市，丰富了城市景观。我国的城市可以借鉴鹿特丹的经验，对公路绿道、小区绿化带、公园绿地等城市绿地进行改造，整合零散空间并赋予其减缓水流的作用。

四、小　结

荷兰人通过自身努力，将处于低洼之地、洪水泛滥的国土建设为资源管理得当、生态环境宜人的沃土。正如荷兰谚语所言，“上帝创造了世界，而荷兰人创造了荷兰”。荷兰人通过科学的水利措施和严谨的水利规划，每个阶段都通过反复的水利工程物理实验和数学模型验证以达到最佳效果。长期的实践经验使荷兰人认识到河口地区城市发展与水利建设的密切关系。因此，荷兰区域规划和产业结构的布局都以水利建设和规划为中心，以此实现区域发展必要的安全保障。此外，荷兰水利工程在多年的发展过程中充分考虑生态环境，多次修改方案，使环境矛盾和洪水问题都得到了解决，将“功在当代”和“利在千秋”完美地统一起来。荷兰人在这一过程中所表现出来的胆识和智慧，值得中国的城市和区域发展规划者借鉴和学习。在城市水利方面，荷兰解决水患所应用的种种适应性措施都充分体现了建设海绵城市的“渗、蓄、滞、净、用、排”六大要素，对我国城市建设具有一定的借鉴意义。其中，改造公共空间、活化城市边角空间、与自然环境融合等理念，参与式规划、鼓励式推动等措施，都是值得学习的优秀经验。但由于两国的自然条件和社会政策存在差异，因此，在建设海绵城市时不能盲目套用当下热门的技术与方法，而应当考量自身实际，敢于拓宽思路、打破常规，学习荷兰成功案例中的创新精神和协调人地关系的内核，尝试通过生态的手段构建城市海绵单元，拓展城市弹性。

第三节　“绿心战略”：绿地开放空间与保护性规划

绿地的概念有广义、狭义之分（郝凌子，2006）。广义的绿地概念是国土规划、人地景观规划及景观生态学等研究领域内的“绿地”。这一概念涵盖自然植物和人工栽培植物，凡是生长着绿色植物的地域都可被称之为绿地。这一概念所涵盖的内容对于城市而言过于宽泛。而狭义的绿地概念是建筑学、城市规划和风景园林研究领域内的“绿地”。这一概念是指在城市规划用地的区域内，具有改善和保持生态环境，美化市容市貌，提供休闲游憩场地及卫生、安全防护等各种功能的种植有绿色植物的区域。这种狭义的绿地概念仅指城市规划用地范围内的绿化用地。现代意义的城市开放空间概念出现于1877年英国制定的《大都市开放空间法》（*Metropoliton Open Space Act*）（郝凌子，2004），纵览中外关于开放空间的定义，它们都强调了开放空间的自然特征及游憩休闲的功能。

绿地是城市开放空间系统的一个重要组成部分。从空间体的角度看，绿地是一种特殊形式的开放空间。我国传统上的绿地概念，是从用地的外部形态来理解的，而忽略了绿地作为一个空间体的本质。绿地作为一种特殊形式的空间体，它的本质是开放的，不仅仅包括有别于建筑实体的空间上的开放，还包括向人们开放，能够吸引、容纳社会公共活动在其中的含义。开放空间拓展了绿地的外延，而绿地也限定了开放空间的范畴。

城市开放空间中的绿地可以组合成“城市绿心”（urban green heart），即位于城市中央或由多个城市组团围合的绿色空间。“城市绿心”的用地类型包括公园、林地、农业用地、动植物保护地、湿地和其他类型用地等。它可以有效整合城市资源，净化空气，减轻热岛效应，遏制迅速蔓延的郊区化趋势，对城市环境健康有序发展具有重要作用，是建设生态城市的重要手段。

从19世纪中叶开始，在西方学者的理论著作或者实践作品中便开始蕴含“城市绿心”的思想。例如，纽约中央公园实际上就是城市的“绿心”，在城市大发展之前为市民留下了一块宝贵的绿洲。在霍华德田园城市理论（1898）的指导下，英国在20世纪前半叶进行了一系列新城实验，城市功能组团被“城市绿心”进行分割。沙里宁（1942）针对当时城市过分集中、功能混乱等问题提出有机疏散理论（1942），为组团式“城市绿心”提供了“多中心”的城市形态模式基础。

在荷兰，“绿心”一词最早出现在1958年制定的《荷兰兰斯塔德发展纲要》中。该纲要明确提出“把兰斯塔德建设成为一个多中心的‘绿心大都市’”。自此之后，“城市绿心”的规划理论被进一步广泛应用。从20个世纪八九十年代开始，尤其是2000年以后，我国也开展了一系列具有影响力的“城市绿心”规划研究和实践项目，包括乐山城市总体规划中应用的“‘绿心’环形生态城市结构模式”、温州生态园“绿心”规划、绍兴镜湖“绿心”规划、湛江“城市绿心”规划、台州“城市绿心”规划等。

本节我们将以兰斯塔德地区的“绿心”作为主要案例，介绍“绿心”的形成、发展与历次规划进程，以期对城市绿色开放空间的用途、保护和发展有新的认识，并从兰斯塔德“绿心”的保护性规划中学习已有的“绿色”经验。

一、兰斯塔德中央“绿心”概况

兰斯塔德地区内部有一个面积约400平方千米的农业地带，这一绿色开放空间就是“绿心”（图3–17）。兰斯塔德空间结构的形成主要与该地区的自然地理有关。该地区以黏土和泥炭土为主，河网纵横，尽管土地肥沃，人们却难以进入与定居，早期的村落只能沿着河岸堤坝或岗丘发展。随着大坝及水渠的建设，位于阿姆斯特河附近的阿姆斯特丹和位于鹿特河附近的鹿特丹等贸易城市形成了。这些城市之间的地段因地势低洼而难以利用，城市开发与基础设施建设都只能环绕“绿心”进行，一个独特的空间形态逐渐产生了。1930年，荷兰国家航空公司官员艾伯特·普莱斯曼（Albert Plesman）在荷兰西部设置一个国家级中心航空港时，首次用“兰斯塔德”（荷兰语“Rand”指“环形”）来描述西部城市群。20世纪50年代，人们在描述阿姆斯特丹、海牙、鹿特丹、乌得勒支等城市快速发展并相互聚合的状况时，进一步强化了“兰斯塔德”这一概念，但当时它还只是指环形城市而不涉及内部的开放空间。

图3–17　兰斯塔德的“绿心”（编者自摄）

到了20世纪60年代，“绿心大都市”（Green Metropolis）这一概念被用来描述兰斯塔德多中心聚合城市与作为农业景观的“绿心”中央开放空间的结构形态。自此，“绿心”一词逐渐被人们广泛运用。“绿心”包含了43个完整的行政区和另外27个行政区的部分地区，内部有3万家企业，是荷兰温室园艺最为发达的地区，经济特征十分明显。1950—1989年，“绿心”中用于住宅建设的土地从2.7%增加到了5.2%，但从总体上看，工业、农业、基础设施等用地的比例变化仍然与国家的发展相一致。尽管“绿心”是乡村地带，但到了20世纪末，它已不再是一个与世隔绝的地方，“绿心”内的绝大多数地段从周边城市的高速路下来只要10分钟就能到达。“绿心”成了一个紧邻大城市却又十分宜人的生活居住空间，同时它对工业、物流业等产业也有很大的吸引力。20世纪50年代之前，“绿心”相对完整，城市建设基本上沿着“绿心”的边缘展开，此后，“绿心”开始进行一定程度的开发，如建设住宅、工业、道路等基础设施。

二、“绿心”规划的发展脉络

荷兰政府提出对“绿心”开展“绝对保护”，以求保留完整的区域公共开放空间的理念具有严重的理想主义色彩。兰斯塔德“绿心”规划始于1951年，之后屡经变迁，经过五次国家重大空间规划的结构性调整，从而形成目前的“绿心”建设现状。各次规划都针对“绿心”提出了一系列保护措施（吴德刚 等，2013）（表3–2）。

表 3–2　荷兰五次国家空间规划针对“绿心”的保护措施

规划次序	公布年份	主要内容	实施效果
第一次国家空间规划	1960	制定区域分散政策，在必须保留区域中部“绿心”的前提下，引导兰斯塔德地区整体向外发展	实施效果有限，“绿心”被侵蚀

续表3-2

规划次序	公布年份	主要内容	实施效果
第二次国家空间规划	1966	坚持“有集中的分散”原则，用绿化带分割城市区域，严格保护“绿心”，扩大“绿心”规模	郊区化进程加剧，规划政策变成小规模发展政策
第三次国家空间规划	1973	实行紧凑城市政策，以具体开发规划取代分散布局；大力发展公共交通，保护“绿心”及其他开发空间	兰斯塔德的概念再次被强化，旨在参与国际竞争
第四次国家空间规划	1989	坚持“绿心”保护优先，更为严格地控制“绿心”的开发	实施效果虽然较差，但为第五次规划打下了基础
第五次国家空间规划	2000	综合规划兰斯塔德地区的产业、生态和基础设施，强化“绿心”的生态功能，建构城市网络、国际等级的国家城市网络，进行地方及区域合作	荷兰国家空间战略实施，城市网络建构

总的来说，兰斯塔德地区的“绿心”规划可以被划分为以下三个阶段：

第一阶段，兰斯塔德“绿心”保护形成期。有关兰斯塔德地区发展的研究最早可以追溯到1951年。当时，荷兰重建和住房部预见到人口高度集聚可能引发重大城市问题，决议成立国家西部工作委员会，着手研究西部地区空间现状和问题。此后，该委员会发表《荷兰西部的发展报告》，指出国家政府应继续坚持区别于伦敦和巴黎城市空间形态的分散型区域空间形态特征，以此将自然空间与人居环境紧密结合，给居民提供优越的居住环境；同时，通过限制大城市扩张来迎合其他新城镇发展。根据该理念，报告富有卓见地保留地区中间相对开放的空间（即“绿心”），并且提出对该区域实施严格的保护策略。这一概念得以延续，并在之后的五次国家空间规划中进一步加强。

第二阶段，兰斯塔德“绿心”保护探索期。20世纪60年代，由于区域发展面临城市建设空间无限扩张的压力，荷兰政府的理想主义规划方案与现实发展制约因素相结合，“绿心”保护进入寻求保护与发展之间平衡的探索期，随之提出的“紧凑城市”方案逐步在该区域二三十年的发展中发挥了积极作用。在这一时期，荷兰政府已经关注到西部出现的经济过热和过度集聚问题，因而第一次将国家空间规划的重点放到区域分散发展上。此次规划（1960年）将西部城市群视为整体向外发展，因而必须保留区域中部的“绿心”，同时将工业向其他地区分散布局。虽然第一次国家空间规划效果不佳，但其提出的保留“绿心”理念在之后的规划中一直在争议中延续并发展。第二次国家空间规划将极核式扩散作为应对策略，而兰斯塔德“绿心”理念没有发生根本变化，甚至得到了强化，但由于缺乏配套的执行工具，其实际效果有限。第三次国家空间规划则以具体开发规划取代分散布局，以扭转前两次规划成效不显著的局面。区域平衡增长成为政府的关注点，并在规划中提出“紧凑城市方法”，在城市发展的压力下保护了兰斯塔德“绿心”，并成为影响荷兰今后三四十年区域发展的重要政策。

第三阶段，兰斯塔德“绿心”保护发展期。第四次国家空间规划出于提升区域的国际商业竞争力的目的，明确提出兰斯塔德城市的特定功能配置，但是其对地区发展的严格约束导致地方政府消极执行。同时，伴随政局变动，最终以失败告终。第四次国家空间规划修正案和反思版的规划理念中出现了重视欧洲和网络特质的倾向，为第五次国家空间规划奠定了基础。20世纪90年代，经济全球化和欧洲一体化进程加快，荷兰政府为适应国际竞争需要，适时提出“城市网络”策略，力图融入欧洲网络，以提高兰斯塔德的国际竞争力。进入新世纪后，荷兰加强了对欧洲尺度层面的考量。2000年年底，第五次国家空间规划把荷兰的国际竞争力紧密地嵌入欧洲的发展网络，突出区域和地方合作以提升国际竞争力，“三角洲大都市区”（Delta Metropolis）成为兰斯塔德打造的国际竞争新形象，兰斯塔德“绿心”保护在发展中稳步推进。

从五次国家空间规划可以看出，兰斯塔德“绿心”概念的提出与区域竞争力的诉求在规划层面存在此消彼长的关系。尽管如此，“绿心”理念还是在半个世纪里延续了下来，并通过区域协调和空间管制的平衡作用，成为在现实压力面前区域空间形态的理想模式。

三、“绿心战略”的利弊①

（一）支持派的观点

1. “绿心战略”是应对自由市场与城市蔓延的农业地区保护方式

兰斯塔德“绿心战略”的提出是为了避免兰斯塔德地区出现洛杉矶式城市蔓延，同时避免一个城市区域的无序发展，是具有前瞻性的战略。该战略的支持者认为，“绿心战略”受到质疑的时候往往是市场主导力量抬头和政府主导力量相应衰退的时候。在兰斯塔德这样一个参与世界城市竞争并且人口不断增长、城镇化不断发展的大城市地区，如果没有强有力的“绿心”发展模式，就会形成以地价为基础的空间组织原则。在荷兰，城市用地的价格是农业用地与自然地带的10～100倍，如果任由市场经济操控土地的供给，农业用地与自然地带将会快速地被城市带建设用地吞噬。政策制定者和规划师认为，“绿心战略”地带不是一种误导性政策，而是一种应对自由土地市场与城市无序蔓延的解药。“绿心”的状况不佳并不能成为解释“绿心战略”失败的理由，而更应该加强“绿心战略”，并且具体的战略实施路径与行动方式是可以进一步改良的，人们可以努力在“绿心战略”的大框架下进一步探索，这本身就有充足的空间讨论城市区域应该如何发展、应该如何进行环境保护。

2. “绿心共识”是区域绿色发展的保障

1995年，荷兰国家计划局组织关于“绿心”的大讨论并征集了大量有关

① 本部分主要参考袁琳（2015）。

“绿心”发展的意见。这些意见主要包括：①城市发展应当继续聚集在兰斯塔德环形地带；②“绿心”中的限制政策应当继续，但是可以不再像过去那样严格；③区域内的自治单元应该有一定的自由，可以决定各自的发展模式；④“绿心”的刺激政策应当加强，未来的理想是提供更好的绿色功能，同时，要给予相应的财政支撑以提升农业质量、水管理和小尺度的休闲，并改善乡村居住的发展等。

尽管有关“绿心”的发展政策还有待推进，但从政府组织的这次讨论的成效来看，对这一理念的振兴取得了巨大成功，市民调查显示80%的人口支持“绿心战略”，这从某种程度上达成了进一步的“绿心共识”。关于“绿心”，未来的管理聚焦在两个明确的方面：一方面是限制，即限制城镇化对“绿心”的侵蚀以及无序的工业和住房发展；另一方面是激励，即激励“绿心”的功能向更加绿色的方向发展，以提供更多的游憩和自然空间。在“绿心共识”的基础上，20世纪90年代中期以来的若干新发展的“绿心战略”代表了大城市地区大面积农业地区生态保护、规划、管理和绿色发展的新趋势。

3. “绿心管理”模式具有进步性

“绿心”地区涉及70个地方行政市，其中有43个完全在“绿心”的边界，其他则跨界，其中不单是农业地区，还包含了“绿心”城市，如阿尔芬（Alphen aan den Rijn）、武尔登（Woerden）和豪达（Gouda）。为了更好地统一管理，人们一直存在着对该地区建立完整管理区的设想，如曾经探索建立了“绿心”指导委员会，后未成功。取而代之的是建立涉及面更广阔的“绿心”平台，在这一平台上，各省市、各部门的代表共同参与协调、进行决策。到21世纪初，在兰斯塔德区域整合发展的大趋势下，“绿心”成为兰斯塔德地区的独立管理区，与南部区（包括莱顿、海牙、代尔夫特、鹿特丹和多德雷赫特）、北部区、乌得勒支区并列，成为四大区之一，其作为专门的管理对象，探索出了一种大都市地区中央开放地带独立管理的模式。

（二）反对派的观点

1. “绿心战略”提高了区域发展成本

纵观历史，“绿心”地带由于河道发达孕育了部分荷兰最古老（甚至是世界最古老）的工业场所，如啤酒厂、奶酪生产车间。所谓的“绿心”，历史上是一个理想的用来配置工业品和服务的场所，其优势之一就是这里拥有到周边各大城市都相对较短的距离，这一优势至今犹存。由于“绿心战略”相应地鼓励兰斯塔德地区的城市环状连接，抑制“绿心”内的工业与住房发展，同时阻碍了“绿心”内部与外部的经济与交通联系，人们不得不舍近求远，从而提高了兰斯塔德地区发展的交通成本。另外，由于大面积地保护中央农业地区，大大减少了农村低廉土地的供应量，在兰斯塔德地区快速城镇化时期，住房成本快速提高，也带来了持续的住房短缺问题。批评者认为，“绿心”的概念有悖于基本的经济规律，并人为地提高了区域的发展成本。

2. 农业地区保护失控

1990年，兰斯塔德的“绿心”地区有居民67.3万人，和鹿特丹的人口数量相当，人口密度为460人／平方千米，这些人享有广阔的开放空间，但同样也在追求现代生活。现实中，人们想方设法建设自己的住房和发展工业，试图保持自己和整个国家的发展脚步，同时，外界的房地产与工业发展也想方设法地在这里获取价值低廉的农业土地。尽管受制于各种限制策略，但在1972—1992年的20年间，“绿心”的人口增长数量达到16万人，增长率为31%；周边城市区域人口增长数量为17.1万人，增长率为4%。相比而言，“绿心”中的人口增长幅度反而更大。在这一过程中，“绿心”中的老旧村庄的占地面积变得越来越大，城市也在扩张。莱茵河畔的阿尔芬和豪达，到1996年已经拥有接近6万居民（Needham & Faludi，1999）。批评者认为，“绿心”仅仅是一种城市化了的乡村，是另一种郊区形态，“绿心战略”是一种空想，坚持这样的战略只会让人感到“失控”，让人失去信心。

3. 低质量的景观造成了“绿心”的“虚化”

自“绿心”概念提出以来，大量的论述都指出“绿心”的虚构特征——

所谓“绿心”仅仅存在于政府的蓝图中，现实中根本不存在——这在景观方面的证据尤为明显。常年以来，“绿心”并没有可识别的统一的景观特征，本应该保护良好的由风车、细小的运河以及茅草屋等共同构成的乡村，实际却到处都是有碍观瞻的道路和高压线。尽管20世纪90年代曾经给“绿心”划界，但界限仅仅有图面意义，在实地中这种界限并不清晰。而且这一地区游憩功能不足，自然和游憩地仅仅占到“绿心”面积的3.8%，远远低于城市中的游憩地比例（16%），以及全国游憩地平均比例（14.8%）。所以“绿心”并没有形成一个令人向往的绿色景观实体，而仅仅是纸面上的一种“虚构的自然”。不少“绿心”的质疑者都认为，“绿心”保留得太大是不现实且没有必要的，“绿心”中存在保护价值的地区很小，根本没有必要进行大规模的保护，将一个虚构的概念作为国家政策制定的基础是不明智的，坚持这一战略无疑会充满困难和风险，还有可能会得不偿失。

四、小　结

总的来说，兰斯塔德地区的空间规划所体现的是荷兰空间规划思想的本质内涵。兰斯塔德地区的空间规划一直以来就是地方政府协调的核心内容，荷兰政府正是以兰斯塔德“绿心”空间规划的创新，显示出其在土地利用控制方面的决心。兰斯塔德地区“绿心”的保护性规划优势可以总结为以下四方面内容（张衔春 等，2015）。

第一，“绿心战略”是人类对大都市区域尺度下人居环境的有益探索。荷兰国家规划机构从一开始即对现存的大都市空间环境中固有的人居环境空间形式产生怀疑。

第二，“绿心战略”是多行政单元大都市区行政管理机构协调运作制度的创新。荷兰从国家到地方各级政府的区域协调是促进“绿心”保护的坚实保障，层层政策和法律的嵌套配合，促使大都市包围的开放空间得以留存，公众参与则进一步加强了其保护作用。

第三，“绿心战略”是人类对大都市区域尺度空间环境管理技术的创新。荷兰规划管理技术跳出原有的“红—绿”结构（区分城市和乡村的单维形态），把“蓝—绿”结构（把绿色开敞空间和水系作为独立的空间要素进行保护）与城市结构相结合，体现了从规划手段上把城市与乡村的对立形式转变为把自然、乡村和城市融合统一的新格局。

第四，兰斯塔德“绿心”规划案例反映出大都市区空间规划的创新在不同地域空间上推动人居环境向前发展，为大都市区人居环境形态的地域适应性研究开辟了新道路。

第四节　城市内部空间的更新与转型

城市更新运动（urban renewal）起源于“二战”后西方大规模的城市推倒重建式更新活动，由于这种机械的物质环境更新破坏了城市原有的社会肌理和内部空间的完整性，而受到广泛的质疑和反思。“城市更新”（urban regeneration）一词最早是指西方（主要为英国）在经历全球产业链转移后衰败的旧工业城市的一种城市复兴策略，以及其他改善内城及人口衰落地区城市环境、刺激经济增长、增强城市活力、提高城市竞争力的城市再开发活动（方可，1998）。城市更新主要包括三种类型：①在应对工业城市向后工业城市转型的产业结构调整与经济重组过程中，对旧工业用地的再利用、对已污染“棕地”的可持续再开发、对原有旧制造业中心低技能劳动工人的再安置，以及对新产业类型的规划与再投资活动；②在促进中心城区经济复兴的过程中，实现对被剥夺社区及边缘化弱势人群的重返社会主流，以及对衰败地区城市形象的再塑造策略；③在快速城市化过程中的各种旧城改造、历史遗存的保护式再开发活动，以及城市晋升全球城市网络过程中的自上而下、自下而上的多种更新活动。

随着全球化和本土化相互结合的不断深化，与城市更新相关的各类再城市化运动引起了世界更多国家和地区的关注。由于世界各地区所处的城市发展阶段和区域背景存在一定的差异，各地的城市更新都呈现出与当地发展背景和地方区域特色紧密联系的多种类型与路径。

本节将结合对荷兰和比利时居住空间、文化空间、物流空间等多种类型的城市内部空间的活化和更新，并通过多个实地案例，展现荷兰和比利时在城市更新方面所做的努力和创新，以期为中国城市更新和微改造提供灵感。

一、城市住房空间的更新建设

社会住房机构（Social Housing Association）的角色与荷兰独特的社会住房政策有着密切的关系。荷兰的社会住房政策在过去100余年中取得了较好的成效（林艳柳 等，2017）。1880年，整个荷兰只有40个社会住房机构，1913年为301个，1922年达到了1341个，每个机构拥有30～50栋房子。在1916—1925年间，社会住房机构建设了9.66万栋房子，达到了战前的最高峰。但是，社会住房机构在经济和管理方面都有较大的问题。社会住房机构对志愿者参与的依赖，导致了社会住房机构的管理问题，而对政府补贴的经济依赖则导致了经济问题（周静、姜鹏，2016；高阳阳，2012；胡金星 等，2011）。

荷兰社会住房政策的演变经历了三个阶段（陈昱，2016）。

第一阶段是1901年《住房法案》（*Housing Act*）的颁布和非营利性社会住房机构的建立。19世纪，席卷西欧的产业革命导致大批农民破产并涌入城市寻求生计。由于住房需求远远超过供给，成千上万的人只能住在简陋的棚户和贫民窟里。为了解决日趋严重的住房问题，1901年荷兰政府制定了《住房法案》，建立了社会住房体系。《住房法案》明确了各级政府部门在住宅方面的职责和权力，以及业主和住户应履行的义务和享有的权益，并规定了住宅在通风、采光、防火、设备等方面应达到的标准，还提出为低收入阶层提供福利性住宅——社会住房。从《住房法案》颁布开始，政府给予社会住房大力支持，并允许社会住房机构在政府的监督下建设社会住房。社会住房机构通常是独立的、私营性质的、不以营利为目的的组织，负责建设、分配、出租、出售、维护住宅，管理住宅和社区，并提供相应的服务，但必须得到政府的授权和认可。《住房法案》还规定了社会住房机构的义务与责任，这个法案是其他社会住房法案的基础。

第二阶段是“二战”后大量的社会住房建设。政府扮演主要角色，而社会住房机构成为政府的分支机构和最重要的房屋政策的执行者。荷兰的大部分社会住房建设于1945—1990年间。在“二战”期间，荷兰大约有1/5的房子被摧毁。战后的荷兰面临着住房短缺问题，迫使政府在提供社会住房中扮演重要的角色。在这个时期，相比社会住房的质量，社会住房的数量更为重要。政府为社会住房建设提供大量的资金补贴和低利息贷款。地方政府只决定社会住房建设的各种相关政策，如建筑师的选择、合同招标的管理方式。此外，根据1947年颁布的《房屋分配法案》，地方政府主要负责社会住房的分配。社会住房候选人先要在市政厅注册排队，等到轮到他们时，才能到相应的社会住房机构申请租房。这个阶段的社会住房建设是和贫民窟清除、城市扩张以及高层建筑建设同步进行的，大量简陋的棚户和贫民窟被拆迁。社会住房的主要形式是集中建设的新社区，受现代主义建筑思潮的影响，建筑为多层或高层现代公寓，强调公共空间和邻里关系。然而，这种社区的功能单一，且建筑质量较低，聚居了大量低收入人口。自20世纪90年代以来，这些社区因居住环境恶化且出现一系列社会问题，而成了城市更新的主要对象。

第三阶段是20世纪八九十年代以来，政府不再补贴社会住房建设，社会住房机构成为经济上独立自主的主体。自20世纪80年代以来，巨大的国家债务使政府的角色开始转变，住房需求已不是首要处理的事务。社会住房保障基金成立于1980年，由社会住房机构资助，并受到政府的支持。起初设立基金的目的是给住房改造提供贷款，后来改为给社会住房建设提供贷款。社会住房保障基金的成立使非营利性的社会住房机构的贷款有了保证，使它们能够进入资本市场，并且得到低息贷款。1988年，由于荷兰政府不再愿意负责重组有问题的社会住房机构，中央社会住房基金（Central Social Housing

Fund，CFV）成立，其资金来源主要是社会住房机构征收的费用。这些费用主要用来支持有问题的社会住房机构的重组。中央社会住房基金和社会住房保障基金有一定的关联：如果社会住房机构得不到社会住房保障基金的资助，它们可以向中央社会住房基金申请支持。

1990年以后，荷兰房屋建设，特别是社会住房的建设开始减少。政府发现，很多高收入的人住在社会住房里，他们中的许多人过多地使用租金补贴，也有部分中低收入者居住在相对昂贵的社会住房中。于是，政府采取了一系列的措施来解决这些问题，包括减少社会住房的建设、增加住房私人拥有权等。同时，政府制定新的政策以阻止高收入人群得到社会住房，社会住房机构建立了公平的房屋出租价格，使得社会住房的出租价格接近市场价格，促使高收入人群离开社会住房而到市场中租房或购房。对于低收入人群，政府则制定相应的补贴政策，如提高个人租房补贴。1995年以后，社会住房机构不再接受政府的补贴，它们在经济上转轨为独立自主。不过，社会住房机构的财务状况一直都很好。过去的几十年里，房价普遍上涨导致社会住房机构的资产普遍增值，加上财务管理比较健全，社会住房机构很容易得到贷款。虽然社会住房机构在经济上是独立的，但仍需要遵守相关的规定。只有当社会住房机构违反了相关的规定，政府才会干预。例如，社会住房机构不能参加金融投机，必须开展好住房管理与建设；它们允许营利，但营利必须用在社会住房建设中。政府也允许社会住房机构在政府规定的最高租金内不同程度地提高房租。由于社会住房机构不再受到政府资金的支持，为了解决社会住房机构的贷款和重组问题，两个新的基金（社会住房保障基金、中央社会住房基金）成立。

2001年公布的《社会住房出租管理法案》（*Besluit Beheer Sociale Huurwoningen*）规定了社会住房机构的6个责任：①提供房屋给那些自己不能找到合适住处的人；②维护房屋建筑与设施质量；③与租户商议；④负责任地管理该机构的财务；⑤为有活力的社区做出贡献（1997年增加的）；⑥为老年人和残疾人提供社会住房。如果社会住房机构履行了这些责任，他们可以免除公司税，可以得到社会住房保障基金的贷款，并且可以购买专用于公房建设的廉价土地。《社会住房出租管理法案》的颁布刺激了荷兰各个城市社会住房机构的建立。为了提高效率和改善财政状况，许多社会住房机构进行重组及合并。1990年荷兰共有约1000个社会住房机构，在2005年仅剩下约500个。最大的社会住房机构拥有5万～8万个社会住房单位，覆盖了多个市和地区。如今，荷兰社会住房和欧洲其他国家一样面临着各种挑战，政府不断出台一些相关的政策来支持社会住房社区的改造和更新。

下面将通过两个具体的实地案例，进一步展示荷兰社会住房的更新和建设。

（一）鹿特丹的社会住房

荷兰在城市发展方面是欧美各国中较为强调政府干预的国家。作为世界上最早的现代市民社会与资本主义国家，荷兰人深刻地体会到利用公共权力平衡市场力量、克服城市危机的重要意义。因此，荷兰逐步形成了独特的规划、住房与土地制度传统。一方面，从国家到地方各级政府普遍强调空间规划的作用；另一方面，住房保障，特别是社会住宅发展一直是荷兰政府的政策重心之一。同时，由于填海造地等原因，荷兰城市（特别是大城市）中大量土地为政府公有，这就保证了政府干预的可行性和有效性。这些传统正构成了鹿特丹旧城街区的改造更新得以成功的基础。

作为欧洲最大的港口所在城市，鹿特丹如同诸多其他工业中心一样，是在工业化进程中快速发展起来的。1796—1925年，鹿特丹市的人口总量从5.32万人增长到54.79万人，新增人口多数为港口相关工业部门的产业工人。大量住宅区在马斯河两岸建设起来，构成了鹿特丹旧城历史街区的主体。然而，到了20世纪五六十年代，这些旧城街区却普遍陷入了衰退的困境。一方面，作为劳工阶层的居住区，这些旧城街区的住房本身就是投机的产物，其中的大量房屋是快速城市化过程中土地投机者面向工人建造的私有出租住宅。这些住宅设计与建造品质不佳，房屋密度高，居住空间狭小，且往往缺乏必要的生活设施。另一方面，由于荷兰长期实施住房品质与租金水平挂钩

的政策，大部分房主不愿向中低收入家庭租住的房屋投入资金进行维护，导致了“低品质、低房租”的恶性循环。这直接使得旧城街区的住房品质持续下降，以及收入相对较高的家庭不断迁出，到20世纪中期已经造成了严重的住房紧张问题。

社会住房面对的对象是中低收入人群。这很容易使相关社区的居民结构固化——居住于此的多为中低收入者，容易形成所谓的“穷人区”。而政府的愿望是希望不同阶层的居民可以实现社会融合，因此，政府会倾向于将社会住房区与私人住房区交错规划。这一规划趋势导致了社会住房重建区的绅士化。建设初期，有很多高收入群体带动资本进入，这种资本恰恰是建立初期所无法拒绝的。这样一来，他们不仅占有住房本身，还带动了社区的生活方式，从而形成一种推力将低收入阶层的人们推出社区。在此背景下，政府对不同的街区采取不同的具体措施，对于不同目的的房屋购买者加以限制，并尽可能去推动良性绅士化的形成。

鹿特丹Wilhelmina码头重建海滨区，便是由政府发起新建的绅士化规划（图3-18、图3-19）。这里的居住区是私有住房和社会住房并存的。在这

图 3-18　鹿特丹海滨重建区社会住房（编者自摄）

图 3-19 鹿特丹海滨重建区私人住宅（编者自摄）

个重建的社区里，私有住房大多是独栋的建筑，社会住房是多户共用一栋独栋建筑或以公寓的形式。从整体景观来说，这两种性质的住宅都构成崭新的城市景观并拥有优美的生活环境，二者在外观上没有明显的差别。

这能否说明社会阶层的融合是成功的呢？在实地考察中，我们发现，这个社区的社会问题依然存在。例如，在码头仓库改造区，政府必须解决低收入群体的工作与通勤问题，以让他们安心居住于此。为此，政府在这个社区创造了一些新的工作岗位（如商店的销售员），但结果却不尽如人意。这些工作琐碎且累人的岗位并没有受到当地居民的青睐，反而为附近的学生群体创造了新的兼职机会。由此可见，虽然社会平等化的住房体系已经引入了社区，但是，如何让这个社区富有活力和保持长久的发展动力，还有很长的一段路要走。

（二）阿姆斯特丹工业区和商业中心的社会住房

在阿姆斯特丹的北部，Overhoeks街区和Bulkloterham街区的更新是典型的工业区更新案例。这两个地区均位于阿姆斯特丹中央火车站旁的运河北部老工业区，距离市中心较远。

在Overhoeks街区，政府试图通过引入博物馆、购物中心等公共空间，同时重新建立大学和中学教学区（建设中），将其打造成一个综合性公共活动区域。此外，政府将该区域中的一栋旧建筑重新利用为大学教育区。原本的shall办公大楼被重新赋予综合性功能：一楼与顶层为公共场所，其余楼层作为酒店、餐厅、舞厅等被重新利用（图3-20）。政府希望通过这样的方式，降低将居民引入这个老工业区的难度。由此可见，住房是唤醒空间活力的一个重要的因素。同时，政府通过对工业区污染地的治理，在Overhoeks街区建起了不少居住社区，其中有很大一片社会住房，为低收入人群提供住处。Overhoeks街区得以建设成为一个适宜居住的居民区的重要原因是土地的所有权掌握在政府手里。然而，该规划建设原本需耗时8年，但因为2009年遇到了金融危机而被迫停滞，之后当计划重新启动的时候，计划的很多细节都需要调整，并且总耗时将达20年。

图 3-20　功能改造后的 shall 办公大楼（编者自摄）

相比之下，Bulkloterham街区的大多数地产归私人所有（2/3的土地归私人所有，其余1/3为城市市政府所有），其中，200多个公司分别持有土地所有权并且土地划分比较零碎，该街区的工业属性依旧扎根极深。Bulkloterham

街区可以大概划分为两个区域。一个区域为私人所有。政府在私人所有区域实行规划方案时，所遇的阻力会比较大，需要与居民进行多次协商，才能对规划达成一致。另一区域为政府所有，主要进行住宅区规划。而政府的目标不只是发展工业，还希望这个区域能够成为工人的住宅区，解决职、住分离的通勤问题。然而现实的情况却是，土地的私人所有属性使政府部门难以协调和控制，政府没有土地的所有权，再多的规划也只是规划而已。因此，该街区依然是一个以工业为主的街区，本地居民鉴于生态环境因素，始终没有进入该街区居住的意愿，理想中的住房系统也就没能建设起来。

阿姆斯特丹南部新建成的商业中心——Zuias与北部老工业区则呈现出不一样的景象（图3-21至图3-24）。Zuias以阿姆斯特丹中部的中央火车站以及高速公路为轴，两旁分别是商业和住宅用地。Zuias的规划目标是建成阿姆斯特丹未来的CBD，因此，规划中的新区将会趋向于办公和住宅混合的综合商业场所。但事实上，该区的住宅空间规划还处在起步阶段，各项配套设施还不完善，这也使得现有住房紧张的状况一时得不到解决——目前在该区域工作的人数约为4万人，而该区域住房数量仅为7000套。因此，该区大量的工作者只能通过各种交通方式在上下班时间穿梭在阿姆斯特丹的各个城区之间。阿姆斯特丹政府的一个很重要的理念是通过住房的设置来调节社会（人群）结构。因此，在Zuias，办公大楼、私人住房与社会住房是混杂分布的。当地政府希望借此方式让有条件买房的高收入群体和中低收入群体居住在同一街区中，以促进社会融合。这一美好的愿景是否可以真正实现呢？政府是否能保证低收入人群的住房和生活空间不被挤占而被迫搬离呢？这依旧是个问题。但毫无疑问的是，当地政府希望商务区能够拥有良好的住房空间，从而推动整个区域的发展。然而，即便政府不断地进行调控，Zuias也并不能称得上是一个适宜居住的区域。Zuias的一些居民由于生活必需品的物价高昂而选择迁出，而原本应当兴起的生鲜市场和超市也在逐渐消失。

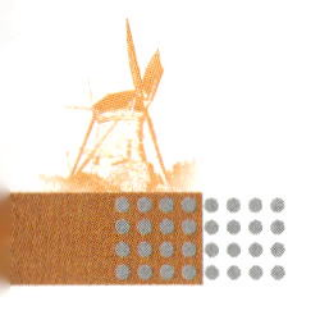

图3-21　社区信息中心的Zuias商务区规划概览（编者自摄）

图 3-22　Zuias 街道景观（编者自摄）

图3-23　Zuias街道景观（私人住房以及社会住房）（编者自摄）

图3-24　位于私人住房中的社会住房（编者自摄）

二、宗教古建筑的功能置换与活化

20世纪八九十年代以来，由于荷兰信教的人数大大减少，教会的会员人数急剧下降，教会的收入也大大减少。因此，荷兰宗教建筑（教堂、修道院等）的使用率不断下降。一方面，不少教堂合并，导致许多教堂空置，这些空置的教堂需要有新的使用方式。另一方面，维修教堂的费用并没有减低，随着教堂建筑的年代增长，其维修费用也逐年增加，而教会的收入逐年减少，远远不够维修支出。许多教堂被迫停止使用，或被拍卖出售。在有些地区，美丽壮观的教堂被以1欧元为底价拍卖，但买方有维修之责，不可推倒拆除，更新改造的条件和规则也很严格。因此，许多教堂还在等待新主人赋予其新的使用方式。据统计，荷兰有4200多座教堂，将有1/3在5年内被关闭，即每周都会有教堂停止使用（转引自阮晓村，2016）。教堂建筑不仅是城市中心的标志，还是人们聚会社交的地方。因此，教堂建筑不仅作为城市特征或标志性建筑应被保留下来，而且作为城市居民日常生活方式的一部分，应被赋予新的内容进行改造、再发展。

近几年，荷兰教堂建筑改造和重新利用的优秀案例并不罕见。极为成功的案例有赫尔蒙德市在教堂中设置剧场，还有马斯特里赫特市的多米尼加教堂被改建成书店，它们是人们周末聚会的好地方，极受人们的欢迎。有些教堂及修道院被私人买下，经改造变成了私人住宅、餐馆及酒店甚至超市。有些被市政府与非营利组织集资改造为社区健康中心、文化中心及图书馆，以发挥其作用（阮晓村，2016）。

（一）圣母升天教堂被改造为剧场

圣母升天教堂位于赫尔蒙德市，长时间处于空置状态。由于赫尔蒙德市原有剧场在2011年年底失火，因此需要在最短时间内再建一个新的剧场。此时，城市中空置的圣母升天教堂便成为新剧场的临时用地。该教堂是国家历史保护建筑，不能在外观上进行大改变；同时，基于市民生活的要求，需要尽快完成改造以便于使用。因此，著名建筑所Cepezed的建筑师以简洁的手法设计了最为轻巧的结构（图3-25）。经改造后，原有教堂建筑的外貌和室内的花饰成为营造剧场气氛的重要部分，观众能够直接欣赏到墙壁及天花板上精美的绘画、精细的雕塑、绚烂的圆顶和彩色玻璃窗。同时，考虑到原建筑功能的可恢复性，所有增加的部分如舞台、舞台前部、光桥、观众台及阳台等，均可在最短的时间内移动、拆除。剧场的其他配套设施则位于教堂旁边的一个新建建筑，内有货运的装卸场所、艺术家更衣室、售票处、衣帽间和厕所等。该附加建筑有一个完全透明的入口，与原有教堂建筑的风格截然不同，更加衬托出原有建筑风格的特色。

新剧场被公众和艺术家认为是一个非常成功的空置教堂改造案例，现已成为赫尔蒙德市的永久剧场。

图 3-25　圣母飞天教堂改造后的剧场（编者自摄）

（二）多米尼加教堂被改造为书店

在荷兰南部马斯特里赫特市的多米尼加教堂，经过Merkx+Girod建筑事务所的改造设计，现已成为一座现代的书店（Boekhandel Dominicanen，被美称为“天堂书店”，图3-26）。教堂底层可用面积为750平方米，但书店的商业面积要求至少为1200平方米，这样就必须增建第二层。但是，如果教堂内设有两层，但没有高耸的圆拱，也没有通天的立柱，这会大大影响教堂内的空间视觉效果。因此，建筑师在教堂的一侧设计了像书架一样的三层黑色钢架结构，供陈列书籍，以满足1200平方米的面积要求。这样一来，人们不仅可以通过爬楼梯登高，观赏到教堂建筑的雄伟壮观，而且教堂的内部空间效果也得以保留和延续。

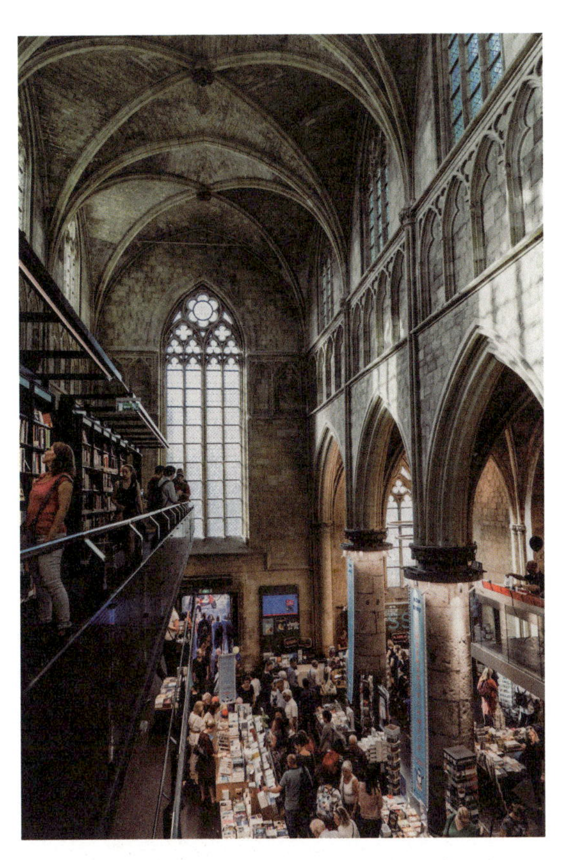

图3-26　多米尼加教堂改造后的“天堂书店”
（资料来源：https://www.solosophie.com/boekhandel-dominicanen/，访问日期：2020年6月18日）

在荷兰，书店不仅是一个读书和买书的场所，也是一个社交的场所。很多市民喜欢在书店中消磨自己的空闲时间，喝喝咖啡，翻翻新出版的书、杂志及报纸。有的书店还经常办一些讲座，并设有咖啡店，提供午餐和晚餐服务。在这种新型的书店进行休闲活动已经成为城市生活中不可或缺的一部分。因此，将空置的教堂改造成书店不失为一种活化历史建筑功能的极佳方式。教堂建筑不仅有着雄伟壮丽的外观，也有着精美的内部细节，以及反映宗教历史故事的彩色玻璃和壁画，把它与书店结合在一起，既能把空置的教堂利用起来，也使得书店的内涵更丰富，文化气息更浓郁，更吸引人。

三、老旧港口的改造更新：安特卫普旧港区案例[①]

16世纪中后期，随着比利时西部重镇布鲁日（Bruges）逐渐衰落，隶属于布拉班特公国的安特卫普（Antwerp）逐渐发展起来，国际贸易纷纷转移至安特卫普。安特卫普港位于老城与斯海尔德河交汇的高地处，是一个具

① 本部分引自孟璠磊、刘心仪（2016）。

有天然停泊优势的港口，港口岸线长150千米，运输铁轨线路总长达11131千米，是欧洲第一大港口（图3–27）。与阿姆斯特丹、鹿特丹等其他欧洲港口城市不同的是，安特卫普的港口发展具有很强的外向性，即这个港口承担着将外来的原料加工后再转运至外地市场的功能。因此，基于港口优势而产生的经济优势基本掌控在外国商人手里，安特卫鲁本地商人话语权较低。同时，由于缺乏根植于本地的支柱产业，安特卫普的城市经济发展模式较为单一。腆岛区（Het Eilandje）位于老城区与新港区的交会点，是安特卫普最早的人工码头区域（孟璠磊、刘心仪，2016）。19世纪法国统治时期，该码头区被拿破仑指定为海军基地，并修建了威廉码头（Willem Dock）和波拿马码头（Bonaparte Dock）。法国大革命爆发后，该地区由荷兰威廉一世国王掌控，曾一度发展成为欧洲最大的人工码头区。在经历了短暂的繁荣后，安特卫普经济发展逐渐衰落，海运优势被鹿特丹取代。

图 3–27　安特卫普港（编者自摄）

20世纪上半叶的两次世界大战使安特卫普屡遭重创。为了重振城市经济，安特卫普政府制定了1956—1965年的“十年计划”（*Antwerp Ten-Years Plan*），对旧港口区进行了大规模扩张和现代化更新。新港规划由比利时建筑师雷纳特·勃那姆斯（Renaat Braems）负责，方案规划的新港区域沿斯海尔德河东岸向北线性分布。但由于政府资金预算有限而无法完成全部规划方案，港口规模被缩减近一半，仅保留了主干结构部分，由此形成了今天的整体格局（Ryckewaert，2010）。进入20世纪中期后，“十年计划”使北区新港得到了快速发展，但历史最悠久的码头却由于无法容纳大型船只的停泊而被弃用，逐渐沦落为老城区与新港区之间的障碍地带。

1989年，安特卫普组织了以“河上之城”（city on the river）为主题的城市设计竞赛，意在通过对安特卫普进行新一轮更新规划，以实现老城区和码头区的复兴，竞赛邀请到多位世界知名建筑师参加。最终，历史建筑保护区腆岛区的更新规划由法国著名建筑师曼努埃拉·德索拉–莫拉勒斯（Manuel de Solà-Morales，1939—2012）负责，安特卫普南部新区规划由荷兰建筑师雷姆·库哈斯（Rem Koolhaas）和日本建筑师伊东丰雄（Toyo Ito）等负责。在德索拉–莫拉勒斯的方案中，将腆岛区视为旧城区与新港区的“纽带”，保留了腆岛区的肌理和物质遗产，通过将历史建筑改造成文化类建筑，实现“文化驱动地区复兴”的理念。与此同时，辅以一定规模的居住、商业、办公等建筑，最终形成一条通向旧城中心区和新港区新的“历史文化轴线”。

同时，安特卫普港口更新改造的方案清晰地定位了腆岛区在城市发展中的角色，即旧城区与新港区的“纽带”。这一方案旨在对腆岛区历史建筑进行保护，同时适当引入地标性新建筑，作为旧城区与新港区的桥梁。即一方面，通过对保护类建筑纪念物进行功能置换，使腆岛区由旧的生产性空间转变为新的大众文化空间，实现语境的转换；另一方面，通过置入新建筑，以当代建筑手段强化了地区历史肌理，由此形成新的“文化轴线”。这条轴线既是历史与现代的碰撞区，也是工业遗产与城市发展的交集地。腆岛区利用博物馆和档案馆等面向公众开放的文化建筑来引导整个地区的文化复兴，不仅使历史建筑得到保护、废弃码头用地得到重新利用，而且充分发挥了博物馆和档案馆等文化类建筑在保护工业遗产、传播工业文化中的独特优势，是一次双赢的尝试。在2013年以“遗产保护”为主题的港口评选中，安特卫普击败了包括意大利威尼斯港、英国多佛港、挪威奥斯陆港在内的其他14个港口，获得年度“最佳欧洲港口奖”（ESPO 2013）[①]，这是对安特卫普工业遗产保护和地区复兴实践的充分肯定。

四、小　结

城市更新对于荷兰等土地资源紧缺、人口密度较大的国家而言具有重要的意义，其表现了规划由增量规划向存量规划的转变，如何最大程度地利用已有土地成为政策规划时必须考虑的因素。在城市更新中，老旧的住宅空间、文化空间、物流空间等多种类型的空间均可以通过功能转化、功能引入、外观修缮等多种方式呈现新的用途，实现社会融合和用地集约。

第五节　塑造全球城市的政治动力

荷兰兰斯塔德地区的四大城市及其周边、比利时安特卫普和布鲁塞尔，都是典型的世界城市。世界城市一词最早由Geddes（1915）提出，指的是伦敦等大都市与周边地区形成组合城市的地理现象。霍尔（1966）引用这一概念，分析了当时典型的世界城市的空间形态、结构与主要功能。20世纪八九十年代，弗里德曼等（Friedmann，1986；Friedmann et al.，1982）和萨森（1991）建立起了世界城市研究的理论框架，引发了城市研究领域一场研究范式的变革。

世界城市的理论框架来自弗里德曼和萨森的开创性研究，即“经典世界城市理论”。该理论认为，城市在新国家劳动分工中扮演的角色对城市内部结构变化具有决定性作用，强调不应仅从社会生态学角度，将城市变化解释为由人口和空间驱动的自然过程，而应将城市放置在更广的世界经济体系的框架中加以分析。构建城市与世界经济的直接联系，是世界城市研究的

---

① 该奖项由欧洲海港组织（European Sea Ports Organization，ESPO）主办，每年评选一次。

核心，标志着城市研究范式的重大转变。新国际劳动分工是世界城市形成的基本动力（Cohen，1981）。制造业生产活动的全球扩散导致控制管理职能向少数城市集中，产生了世界城市（Sassen，1991）。弗里德曼（1986）和萨森（1991）分别采用跨国公司总部和六大生产性服务业作为世界城市的衡量指标，建立了主要以纽约和伦敦为原型的经典世界城市模型。该模型中的世界城市具有4个显著特点：①作为全球资本运作的空间基点，是跨国投资的集中地；②资本流动产生了国际劳动力市场，是国际国内移民的目的地；③作为全球经济的控制管理中心，是金融业、高级生产性服务业的汇聚地；④产业结构升级导致就业结构变化，产生社会极化。

经典世界城市理论成功构建了以新国际劳动分工为核心的经济全球化与城市重构之间的联系（薛德升、黄鹤绵，2013）。然而，由于早期的世界城市理论过度关注经济作为世界城市形成动力的讨论，而忽略了政治、文化等动力在世界城市形成中的作用，招致一定的批评（White，1998；李健，2011）。基于此，越来越多的学者从政治和文化等角度分析其对世界城市的影响，从而拓宽了世界城市的研究内容和研究领域。

在对政治因素的讨论中，城市中的跨国政治要素——跨国机构的作用逐渐受到关注。跨国机构作为制度化的跨国行动者，世界城市高密度的国际政治交流环境吸引众多跨国机构的入驻（Gerhard，2011），因而在世界城市中往往形成跨国机构和国际组织的集中，形成了政治动力下的世界城市。

本节将以荷兰海牙和比利时布鲁塞尔为案例，通过分析国际组织在这两个典型世界城市的聚集现状及其带来的影响，探讨政治要素对于世界城市形成的作用，以更好地理解塑造世界城市的政治动力。

一、海牙的国际政治中心地位

虽然海牙不是荷兰的首都，但它是荷兰中央政府所在地、前荷兰王国碧翠斯女王的居住地和办公场所，且所有的政府机关与外国使馆都位于此，最高法院和许多组织亦在此办公，是实质上的荷兰政治中心。自13世纪起，海

牙就一直是荷兰的政治中心。从那时起，荷兰所有的主要政府机构和国会大厦都设立在海牙。即使荷兰首都设立在阿姆斯特丹，海牙的政治中心地位仍然是无法替代的，这样的状况一直延续到现在。

同时，海牙还是国际著名的跨国机构和国际组织中心，承担着重要的国际治理角色。海牙的大多数跨国机构、国际组织的工作重点是预防和解决世界各地的冲突，安全、能源过度使用和数字技术安全性等问题。这些组织通过与社会企业家、初创企业和公司合作，共同努力，以解决上述问题。为了支持更多的国际组织落户海牙，并进一步发挥这些组织的全球治理功能，海牙成立了专门服务于国际组织和跨国政治活动的国际中心。海牙国际中心通过为搬迁到海牙的国际人员提供实际支持，并为大量国际人士提供一系列高质量的英语服务、教育、医疗设施和文化活动[①]，不断促进跨国机构和国际组织的进一步落户。如今，有超过200个国际组织的总部设立在海牙，其中最为著名的国际组织便是国际法庭。1946年，国际法庭第一次开庭。这个法庭也作为联合国的司法机构，致力于解决其成员国之间的争端。它同时还是战争罪行的审判地点。联合国的会员都是国际法院的成员。法院设法官15人，分别由联合国大会和安理会投票选举产生。法官不代表任何国家，任期9年，可连选连任。国际法学院成立于1923年。1950年后各国学习国际法的学生每年可到这里来参加考试，通过后被授予学位。

在实地考察过程中，通过参观和平宫及其周边的各国大使馆建筑——海牙著名的“国际区”（图3-28），可以深刻地感受海牙作为国际政治中心的浓厚氛围。“国际区”是海牙作为国际和平与正义之城的中心地带，也是国际组织的主要集中地点和海牙的核心经济区之一。为数可观的跨国机构和国际组织给海牙带来了一定的经济效应，这些组织在未来还能为海牙带来将近4000个工作岗位。[②]

---

① https://www.thehague.com/#s-international-organisations，访问日期：2020年6月18日。

② https://www.denhaag.nl/en/in-the-city/international-the-hague.htm，访问日期：2020年6月18日。

图 3-28 海牙的“国际区”（编者自摄）

和平宫是荷兰著名的建筑，位于海牙市郊，是联合国国际法庭、国际法图书馆和国际法学院的所在地（图3-29）。和平宫建造于1907—1913年之间，主要由美国“钢铁大王”安德鲁·卡内基（Andrew Carnegie）捐资兴建。这座宫殿之所以被命名为和平宫，是为了表达它对解决争端和维持世界和平的重要性。而各个国家纷纷向其捐赠礼品，象征着各个国家共同致力于和平事业。和平宫内的国际法图书馆是世界上藏有法律书籍最全、最多的图书馆之一。

图 3-29 和平宫（编者自摄）

二、欧盟首都——布鲁塞尔

布鲁塞尔作为比利时的首都，其政治中心地位亦非常明显。布鲁塞尔是比利时最大的城市，也是欧盟的主要行政机构所在地（图3-30）、北大西洋公约组织总部驻地，以及联合国教科文组织、联合国妇女儿童基金会比利时委员会、联合国开发计划署办公室、世界卫生组织办公室、世界银行总部等的所在地，有“欧盟首都”之称。此外，布鲁塞尔也是200多个国际行政中心及超过1000个官方团体的日常会议举办城市。

图3-30　位于布鲁塞尔的欧盟总部大楼（编者自摄）

布鲁塞尔的跨国治理地位随着欧盟的诞生而起。“二战”结束以后，饱受战争折磨的欧洲人民决心改变欧洲的战局，欧洲统一的呼声越来越高。1965年，比利时等六国将欧洲煤钢共同体、欧洲原子能共同体和欧洲经济共同体合并在一起，成为欧共体，也是欧盟的前身。出于各个成员国实力的制衡原因，欧盟将总部设立在比利时的布鲁塞尔。随着欧盟总部的设立，一些重要的跨国行政机构和国际组织也逐渐在布鲁塞尔设立总部，使布鲁塞尔内部形成了一个“欧洲首都区”。

总体而言，布鲁塞尔的跨国治理机构为其带来了可观的经济增长和稳定的就业岗位：这些机构的活动所带来的经济收入占布鲁塞尔GDP的13%～14%，这些组织提供的直接就业岗位超过4万个，并带动了新闻业、中介服务业、住宿业和住房市场的繁荣。同时，频繁的国际活动每天都能带来大量的跨国专业游客和观光游客。[①]

三、小　结

在海牙和布鲁塞尔这两座城市中，可以明显看到跨国机构、国际组织和本地机构、政府的集中，这种集中赋予了城市强烈的政治性，使其在政治型世界城市体系中具有较高的地位；同时，这些政治机构与城市发生交互作用，为城市的全球化发展提供契机，对城市产生多种影响（梅琳、薛德升，2012）。

第一，对城市制度的影响。一方面，在全球竞争的压力下，为了获取跨国资本流和提升城市中心地位，城市政府更加热衷于通过跨国机构建立全球联系，如在海牙和布鲁塞尔，当地政府乐意于通过设立大使馆、定期展开大使馆活动等方式，与全球其他国家展开交流；另一方面，跨国机构，特别是国际组织和跨国政治机构通常通过设立和强化国际规范，如武器管制、环境保护等，对城市的发展产生国际上的压力。

第二，对城市空间的影响。例如，在欧盟总部等跨国机构落户前，布鲁塞尔的城市空间表现为明显的内城贫民和工人阶层分布区与郊区富人区的二元模式。随着跨国机构和国际精英的大量进入，布鲁塞尔发展成为顶级世界政治城市，其综合影响力也跃升至世界城市体系第二层级。在旧的社会经济过程与新的跨国动力相互作用过程中，城市空间发生显著重构。在布鲁塞尔“曼哈顿计划”（Manhattan Plan）等战略和措施的影响下，跨国机构的集聚区域逐渐形成，导致城市空间的二元模式完全转变，相关表现包括：①在本地居民与跨国力量的冲突和博弈过程中，实现城市更新和绅士化过程，城市中心“欧洲化”——欧盟首都区形成。②以欧盟首都区为核心，建立垂直分离式的交通网络，成为连接布鲁塞尔和欧洲其他地方的交通枢纽中心；布鲁塞尔的空间中心化趋势已从跨国机构所在的“欧洲首都区”扩展到

① https://journals.openedition.org/brussels/995，访问日期：2020年6月18日。

布鲁塞尔整个城市区域。

由此可见，虽然在由经济因子占主要权重的世界城市排名体系中，海牙和布鲁塞尔的排名并不高，但这两座城市依然在国际舞台上发挥着重要的作用。世界城市的形成动力是多元化的，在以政治动力为主要考量因素的情况下，海牙和布鲁塞尔有大量的跨国机构、国际组织、区域政府和非政府组织的集中，在政治型世界城市体系中居于最顶层，是其他城市的“控制中心”，发挥显著的作用。

注意事项

国际实习的时间应根据具体路线、实习内容以及天气状况进行安排，一般以1～2周为宜。人员安排方面可以进行分组，建议分为物资组（负责准备所需物资）、财务组（负责管理实习共同资金和账务）、采风组（负责实习中的摄像）、文稿组（负责对当天实习内容进行文字整理）和设计组（负责实习成果展示的设计）。

国际实习不同于国内实习，目的地和途径地的生活习惯、文化风俗以及语言都与中国有所差异，因此，时刻保持实习队伍里成员间的联系以及避免由于中外差异而引起不必要的冲突是非常重要的。参加荷兰-比利时地理综合实习需要注意以下事项。

1. 时差

荷兰和比利时均处于东一区（GMT+1），夏令时比北京时间晚6小时（10月最后一个周日才开始冬令时）。

2. 气候

荷兰冬季平均气温为2～3 ℃，夏季平均气温为18～19 ℃。尽管春季降雨通常比秋季少，但一年四季的降雨量分配相当均匀，每年的降雨量约为760毫米。比利时全年气候温和、凉爽、多雨。冬季平均气温7 ℃，夏季平均气温为25 ℃，全年最低与最高气温一般分别在-12 ℃和32 ℃左右。

3. 货币与汇率

荷兰和比利时的通用货币为欧元。有银联、Visa、Master标志的银行卡在荷兰和比利时皆可直接取现和刷卡（请注意ATM和POS机上的标志），手续费各家银行不同。

4. 入境物品规定

按照欧盟规定，入境旅客不得在行李中携带动物源性食品（如肉、肉制品、奶及奶制品），商业包装的婴儿奶粉除外。其他种类食品不得超过1千克。

5. 电源与插座

荷兰和比利时使用欧盟标准插座，插座和插头形态如图4-1、图4-2所示。

图 4-1　欧盟标准插座

图 4-2　欧盟标准插头

6. 使领馆信息

- 中华人民共和国驻荷兰王国大使馆

  地址：Willem Lodewijklaan 10，2517 JT，The Hague（海牙）

  网址：http://nl.china-embassy.org/chn/

  办公时间：周一至周五上午9:00—12:00

  联系方式：+31-70-3065099

  电子邮箱：chinaemb_nl@mfa.gov.cn

- 中华人民共和国驻比利时王国大使馆

  地址：Avenue de Tervuren 443-445, 1150 Woluwe Saint-Pierre, Bruxelles, Belgique（布鲁塞尔）

  网址：http://be.china-embassy.org/chn/

  办公时间：周一至周五（节假日除外）上午9:00—11:30

  电话：0032-27712038

  传真：0032-27792895

  电子邮箱：chinaemb_bel@mfa.gov.cn

7. 重要电话号码

- 荷兰

  匪警、火警、急救：112；

  报警电话：0900-8844；

  车祸报警：085-43384

· 比利时

匪警、火警、急救：101；

紧急求救电话：112

8. 荷兰特别注意信息

（1）荷兰的Coffee shop大多指大麻体验店；

（2）晚间若在阿姆斯特丹的红灯区附近参观，逗留时间不要过长。

参考文献

艾维，2016. 让洪水有路可走有地可蓄：国外抗洪排涝面面观［J］. 资源导刊（8）：56–57.

陈昱，2016. 荷兰的社会住房体系及其对我国的启示［J］. 改革与开放（18）：24–26.

邓慧弢，2019. 荷兰兰斯塔德“绿心”城市开放空间研究［D］. 南京：东南大学.

董玛力，陈田，王丽艳，2009. 西方城市更新发展历程和政策演变［J］. 人文地理，24（5）：42–46.

杜宁睿，2000. 荷兰城市空间组织与规划实践评析［J］. 国外城市规划（2）：12–14.

方可，1998. 西方城市更新的发展历程及其启示［J］. 城市规划汇刊（1）：59–61.

冯建喜，戴斯特，瑞尔维茨，2013. 荷兰自行车交通的历史演进及规划设计［J］. 国际城市规划，28（3）：29–35.

高阳阳，2012. 荷兰二十世纪社会住房和住房协会［D］. 南京：南京大学.

郝凌子，2004. 城市绿地开放空间研究［D］. 南京：南京林业大学.

郝凌子，2006. 城市绿地开放空间浅析［J］. 安徽建筑工业学院学报（自然科学版）（6）：63–66，107.

郝晓地，宋鑫，曹达啟，2016. 水国荷兰：从围垦排涝到生态治水［J］. 中国给水排水，32（16）：1–7.

胡金星，陈杰，2011. 荷兰社会住房的发展经验及其启示［J］. 华东师范大学学报（哲学社会科学版），43（2）：147–151，156–157.

黄璜，2010. 全球化视角下的世界城市网络理论［J］. 人文地理，25（4）：18–24.

霍华德，2000．明日的田园城市［M］．金经元，译．北京：商务印书馆．

兰布雷特，陈熳莎，2008．多中心化对提升大都市区竞争力的利与弊：以荷兰兰斯塔德地区为例［J］．国际城市规划（1）：41–45．

李健，2011．世界城市研究的转型、反思与上海建设世界城市的探讨［J］．城市规划学刊（3）：20–26．

李建波，张京祥，2003．中西方城市更新演化比较研究［J］．城市问题（5）：49，68–71．

林艳柳，刘铮，王世福，2017．荷兰社会住房政策体系对公共租赁住房建设的启示［J］．国际城市规划，32（1）：138–145．

刘靖，张岩，2015．国外城市群整合研究进展与实践经验［J］．世界地理研究，24（3）：83–90．

刘学锋，2007．荷兰水资源开发利用与管理：各国水概况系列之五［J］．水利发展研究，7（2）：53–60．

柳天恩，翟红敏，曹洋，2015．荷兰兰斯塔德功能区联动发展模式及其启示［J］．新疆财经（4）：49–53．

马永欢，黄宝荣，陈静，等，2015．荷兰兰斯塔德地区空间规划对我国国土规划的启示［J］．世界地理研究，24（1）：46–51，67．

梅琳，薛德升，2012．世界城市中的跨国机构研究综述［J］．地理科学进展，31（10）：1264–1273．

孟璠磊，刘心仪，2016．博物馆引导下的港口遗产地区复兴：比利时安特卫普港腆岛区［J］．城市环境设计（4）：300–305．

钮心毅，王垚，刘嘉伟，等，2018．基于跨城功能联系的上海都市圈空间结构研究［J］．城市规划学刊（5）：80–87．

皮磊，2017–09–26．《步行与自行车交通蓝皮书》公布：共享交通大力推动绿色出行［N/OL］．公益时报．http://www.gongyishibao.com/newdzb/images/2017-09/26/15/GYSB15.pdf.

阮晓村，2016．荷兰建筑文化遗产的传承与创新［J］．上海房地（8）：52–53．

沙里宁，1986．城市：它的发展、衰败与未来［M］．顾启源，译．北京：中国建筑工业出版社．

斯钦朝克图，2000．国家的双语化与地区的单语化：比利时官方语言政策研究［J］．世界民族（1）：24–34.

水利家园，2019–04–29．荷兰的超级防洪工程，可抵御万年一遇大洪水［EB/OL］．［2020–06–18］．https://www.sohu.com/a/311046545_651611.

王晓俊，王建国，2006．兰斯塔德与“绿心”：荷兰西部城市群开放空间的保护与利用［J］．规划师（3）：90–93.

吴德刚，朱玮，王德，2013．荷兰兰斯塔德地区的规划历程及启示［J］．现代城市研究，28（1）：39–46.

谢盈盈，2010．荷兰兰斯塔德“绿心”：巨型公共绿地空间案例经验［J］．北京规划建设（3）：64–69.

薛德升，黄鹤绵，2013．关于世界城市研究的两场争论及其对相关研究的影响［J］．地理科学进展，32（8）：1177–1186.

袁琳，2015．荷兰兰斯塔德“绿心战略”60年发展中的争论与共识：兼论对当代中国的启示［J］．国际城市规划，30（6）：50–56.

张诚，鲍淑君，史源，等，2013．荷兰“为河流创造空间”项目的科学内涵及其启示［J］．水利水电快报，9（4）：14–17.

张衔春，龙迪，边防，2015．兰斯塔德“绿心”保护：区域协调建构与空间规划创新［J］．国际城市规划，30（5）：57–65.

周静，姜鹏，2016．荷兰社会住房体系近期发展变化及对我国的启示［J］．北京规划建设（3）：104–108.

BJÖRNBERG A, PHANG A Y, 2019. Euro health consumer index 2018 report [R]. Stockholm: Health Consumer Powerhouse Ltd.

CASTELLS M, 1989. The informational city: Information technology, economic restructuring, and the urban-regional process [M]. Oxford: Blackwell.

CHAMPION A G, 2001. A changing demographic regime and evolving polycentric urban regions: Consequences for the size, composition and distribution of city populations [J]. Urban Studies, 38 (4) : 657–677.

COHEN R B, 1981. The new international division of labor, multinational corporations and urban hierarchy [C]//DEAR M, SCOTT A J. Urbanization and Urban Planning in

Capitalist Society. London: Methuen. 287−315.

DIOGO V, KOOMEN E, KUHLMAN T, 2015. An economic theory-based explanatory model of agricultural land-use patterns: The Netherlands as a case study [J]. Agricultural Systems,139 : 1−16.

EUROPEAN COMMISSION, 2019. Special Eurobarometer 493: Discrimination in the EU (including LGBTI) [R]. Brussel: Directorate-General for Communication.

EUROPEAN COMMISSION, 1999. European Spatial Development Perspective: Towards balanced and sustainable development of the territory of the European [R]. Brussel: European Commission.

FRIEDMANN J, 1986. The world city hypothesis [J]. Development and Change, 17 (1) : 69−83.

FRIEDMANN J, WOLFF G, 1982. World city formation: An agenda for research and action [J]. International Journal of Urban and Regional Research, 6 (3) : 309−344.

GEDDES P, 1915. Cities in evolution: An introduction to the town planning movement and to the study of civics [M]. London: Hard Press Publishing.

GERHARD U, 2011. Global city Washington D.C. [C]//HAHN B, ZWINGENBERGER M.Global cities metropolitan cultures: A transatlantic perspective. Heidelberg: Bayerischen Amerika-Akademie, 81−99.

GIL J, READ S, 2014. Patterns of sustainable mobility and the structure of modality in the Randstad city-region [J]. Journal of the Faculty of Architecture, 11 (2) : 231−254.

GREGORY D, JOHNSTON R, PRATT G, et al, 2011. The dictionary of human geography [M]. West Sussex: John Wiley & Sons.

HALL P, 1966. The world cities [M]. London: World University Library.

HALL P, PAIN K, 2006. The polycentric metropolis: Learning from mega-city regions in Europe [M]. London: Earthscan.

KLOOSTERMAN R C, LAMBREGTS B, 2001. Clustering of economic activities in polycentric urban regions: the case of the Randstad [J]. Urban studies, 38 (4) : 717−732.

MEIJERS E, 2005. Polycentric urban regions and the quest for synergy: is a network of cities more than the sum of the parts? [J]. Urban studies, 42 (4) : 765−781.

MEYER H, 2009. Reinventing the Dutch Delta: complexity and conflicts [J]. Built Environment, 35 (4) : 432−451.

NEEDHAM B, FALUDI A, 1999. Dutch growth management in a changing market [J]. Planning Practice and Research, 14 (4) : 481−491.

PARR J, 2004.The polycentric urban region: a closer inspection [J]. Regional Studies, 38 (3) : 231−240.

RYCKEWAER M, 2010. The Ten-Year Plan for the port of Antwerp (1956—1965) : A linear city along the river [J]. Planning Perspectives, 3 (25) : 303−322.

REGIO R, 2003. Van Randstad naar Deltametropool: Ontwikkelingsbeeld (from Randstad to Detametropolis: development perspective) [R]. Utrecht: Regio Randstad.

REGIO R, 2004.Economische strategie Randstad (economic strategy for the Randstad) [M]. Utrecht: Regio Randstad, 2004.

SASSEN S, 1991. The global city: New York, London and Tokyo [M]. Princeton (NJ) : Princeton University Press.

SCHLEICHER A, 2019. PISA 2018: Insights and interpretations [R]. Paris: OECD Publishing.

SCHIERMEIER Q, 2010. Few fishy facts found in climate report [J]. Nature, 466 (7303) : 170.

SHATKIN G, 2011. Planning privatopolis: representation and contestation in the development of urban integrated mega-projects [M]// ROY A, ONG A. Worlding cities: Asian experiments and the art of being global. Chichester: Wiley-Blackwell: 77−97.

UNDP, 2019. Human development report 2019 [R]. New York: United Nations Development Programme.

VAN DER VALK A, FALUDI A, 1997. The Green Heart and the dynamics of doctrine [J]. Netherlands Journal of Housing and the Built Environment, 12 (1) : 57−75.

VAN DER WUSTEN H, 2007. Political world cities: Where flows through entwined multi-state and transnational networks meet places [C]// TAYLOR P, DERUDDER B. Cities in globalization: Practices, policies and theories. London: Routledge. 196−211.

WHITE J W, 1998. Old wine，cracked bottle? Tokyo，Paris，and the global city hypothesis [J]. Urban Affairs Review，33 (4) : 451−477.

ZUKIN S, 1990. Socio-spatial prototypes of a new organization of consumption: the role of real cultural capital [J]. Sociology, 24 (1) : 37−56.